HEEL Verlag GmbH
Gut Pottscheidt
53639 Königswinter
Tel.: 02223 9230-0
Fax: 02223 9230-13
E-Mail: info@heel-verlag.de
www.heel-verlag.de

Autor: Carsten Bothe
Satz und Gestaltung: HEEL Verlag GmbH, Christine Mertens
Lektorat: Ulrike Reihn-Hamburger

Dieses Buch entstand in Zusammenarbeit mit der
ADAC Verlag GmbH & Co. KG, München

Fotos: Thomas Schultze, www.thomas-schultze.de
Mit Ausnahme von:
Fotolia.de: © donatas1205 (Holzlatten), © Elenathewise (helle Holzplatte), © Alx (dunkle Holzwand), © Hanna (Klebestreifen), © svetlankahappy (Cover, 1, 59), © Jürgen Fälchle (4u), © flairimages (6-7, 60-61, 86-87, 122, 181), © Peter Atkins (8, 180), © spflaum (14), © micromonkey (13, 129, 162-163, 170), © Markus Mainka (24), © Jiri Hera (26-27), © ChiccoDodiFC (30), © Nicolai Sorokin (32, 33), © LoloStock (34-35), © Syda Productions (U4 re, 36-37), © Yeko Photo Studio (41), © LoloStock (42o), © cheath1919 (43), © Africa Studio (48), © Alena Ozerova (49), © Multiart (50-51), © blas (54o), © misastudio (56-57), © Dmitry Naumov (57u), © oleksajewicz (62-63), © Jan Jansen (64, 144-145), © Iuliia Sokolovska (74, 103r), © Monkey Business (84, 134), © juhaksa (89), © exclusive-design (95u), © Gajus (98), © awiebadenhorst (101), © Bettyphoto (105r), © jo (108o, 133), © Yvonne Bogdanski (111o), © Photographee.eu (111u), © Christin Lola (112r), © Sunny Forest (124-125), © Nataliia Pyzhova (135), © ehaurylik (136-137), © EduardSV (140), © sea and sun (150l), © ave_mario (150r), © Ivonne Wierink (155), © WavebreakMediaMicro (156-157, 157u, 167ul), © compuinfoto (158), © Yevgeniya Shal (168), © olyina (169), © Floydine (174o), © koldunova (176-177), © muratceven (180), © Warren Goldswain (182), © mark_hubskyi (183), © Natalia Klenova (184-185), © andreusK (189)
© Hymer: 16 u
© Ralph Handmann: 18

Printed in Slovakia

ISBN 978-3-95843-048-8

Carsten Bothe

ADAC CAMPING KOCHBUCH

Über 100 leckere Rezepte für unterwegs

HEEL

INHALT

VORWORT

Endlich Urlaub und Zeit, zu entspannen und die Welt zu sehen. Doch Kochen auf dem Campingplatz ist mehr als die reine Nahrungszubereitung. Klar, nach einem Tag voll Aktivitäten soll es oft schnell gehen. An anderen Tagen hingegen hat man endlich auch einmal Zeit, sich intensiv in aller Ruhe und mit Muße dem Kochen zu widmen. Doch egal, wie man es lieber mag, es ist stets eine schöne Herausforderung, mit den im Vergleich zur heimischen Küche reduzierten Möglichkeiten gut auszukommen.

Dieses Buch soll daher zeigen, wie unkompliziert und trotzdem lecker und abwechslungsreich das Kochen auf maximal zwei Flammen sein kann und wie einfach auch ein Grill oder eine Feuerstelle das Campingleben bereichern können. Selbstversorgung muss unterwegs nicht automatisch „aus der Dose" bedeuten – andererseits sind viele Konserven gerade in abgelegeneren Gegenden eine sinnvolle Ergänzung des Reiseproviants. Doch natürlich möchte man auch die lokalen Köstlichkeiten frisch vom Markt, aus dem Meer oder vom örtlichen Händler versuchen. Das Geheimnis liegt in der Kombination – denn eine Stärke des Campingurlaubs liegt ja gerade in der großen Flexibilität!

Im Folgenden finden Sie zahlreiche Anregungen und Rezepte, aber auch Tipps und Wissenswertes zu Kochertypen oder übersichtliche Pack- und Vorratslisten, sodass einem entspannten Urlaub – egal ob im Zelt, im Wohnwagen oder im Wohnmobil – nichts mehr im Wege steht!

Beim Kochen auf
dem Campingplatz ist
die Geselligkeit ein
wichtiger Faktor

Kochertypen

Das Kochen stellt beim Campen mehr als die reine Nahrungszubereitung dar. Natürlich geht es einerseits um die Zubereitung leckerer Gerichte. Andererseits ist es aber auch eine schöne Herausforderung, mit den im Vergleich zu zuhause reduzierten Möglichkeiten gut auszukommen. Die geringen Kühlkapazitäten, die Beschränkung auf wenige Töpfe und die eingeschränkten Spülmöglichkeiten wollen optimal genutzt werden. Drittens, und dieser Aspekt ist mir persönlich besonders wichtig, hat man im Urlaub und unterwegs endlich einmal wieder mehr Zeit, sich der Zubereitung mit aller Ruhe und Muße zu widmen und mit viel Spaß und Freude zu kochen.

Beim Kochen auf dem Campingplatz ist die Geselligkeit ein wichtiger Faktor. Trotz der geringen Infrastruktur ergibt es sich daher immer wieder, dass recht viele Mäuler gestopft werden wollen. Bei Sonne und herrlichem Sommerwetter stellt man einfach den Grill als zusätzliche Herdplatte dazu. Bei Regen oder gar im Winter, wenn das Campen an sich schon zur Herausforderung werden kann, wird es etwas schwieriger.

Aber das Schöne am Camping ist ja auch, dass man die Zeit hat, sich ausgiebig dem Kochen zu widmen. So kann ein Gericht auf der einzigen vorhandenen Platte auch mal drei oder vier Stunden vor sich hin köcheln, was beispielsweise einer Sauce Bolognese hervorragend bekommt.

Langsames Garen gegen Schnelle Küche

Beim Camping schlagen zwei Herzen in der Brust des echten Camping-Kochs. Einerseits hat man nun genug Zeit und Muße, sich an Gerichte zu wagen, die einer längeren Vorbereitung bedürfen oder die lange köcheln müssen. Andererseits kommt der Hunger immer so überraschend – und dann muss schnell etwas Leckeres auf den Tisch. Auch die Kücheneinrichtung ist nicht unbedingt auf langes Köcheln ausgelegt. Auf kleinen Gaskartuschen sollte man nur einen Quicky zubereiten, für ein zeitintensives Gulasch sind sie nicht die richtige Ausrüstung. Solche Gerichte lassen sich jedoch hervorragend mit Kesseln oder noch besser Gusseisen auf dem Feuer oder Holzkohlebriketts der Grill- und Feuerstelle des Campingsplatzes zubereiten. Um etwas Ruhe in die Vorbereitung zu bringen, sollten Sie erst in Ruhe zu Mittag essen und dann das Abendessen vorbereiten. Wenn man satt ist, geht man mit viel mehr Ruhe an die Zubereitung heran. Bei der lange köchelnden Erbsensuppe beispielsweise fische ich immer das Bauchfleisch heraus und esse davon ein oder zwei Scheiben als Kesselfleisch mit Brot, das hilft über den ersten Hunger hinweg.

GRILL/FEUERSTELLE

Dies ist kein Grillbuch, obwohl der Grill einen nicht unerheblichen Anteil an der Zubereitung der Rezepte hat. Aber bei einem längeren Aufenthalt auf dem Campingplatz möchte niemand drei Mahlzeiten am Tag nur auf dem Grill zubereiten.

Grill oder nicht Grill

Die meisten Camper würden lieber die eigene Frau zuhause lassen als den Grill. Komischerweise ist der Grill dem Stellenwert, den er in der Nahrungskette des Campers einnimmt, oft nicht ansatzweise angemessen. Leicht, also wackelig, unten Kohle, darüber ein Rost wie aus Fahrradspeichen, obendrauf günstige Nackensteaks, fertig mariniert gekauft. Das geht auch – sicherlich –, aber es geht auch besser. Gerade wenn man mit der Küche schon so eingeschränkt ist, sollte man sich beim Grillen die unendlichen Möglichkeiten des direkten und indirekten Grillens offenhalten.
Ob Sie einen Gas-, Elektro- oder Holzkohlegrill auf die Reise mitnehmen, bleibt natürlich Ihrem Platzangebot, Ihrer Unterkunft sowie Ihrem individuellen Geschmack überlassen. Jedoch ist zu bedenken, dass Sie im Urlaub überall Holzkohle finden werden und mit ihr weder an einen Stromanschluss gebunden sind, noch eine Gasflasche schleppen müssen. Andererseits haben Sie beispielsweise im Wohnmobil sowieso Gas dabei und mit der Piezo-Zündung ist in drei Minuten der Gasgrill heiß und man kann loslegen, und wenn es nur zwei Würstchen für ein schnelles Mittagessen sind.

Das Gewicht eines guten Grills ist nicht wesentlich höher als das eines schlechten Grills, und er nimmt auch nicht viel mehr Platz im Fahrzeug ein. Der Trick besteht aber darin, dass Sie mit einem ordentlichen Grill mit Deckel neben dem direkten Grillen auf der Glut auch neben der Glut grillen oder sogar backen können. Somit steht Ihnen eine weitere große und flexible Kochmöglichkeit zur Verfügung, die den Speiseplan um viele Aspekte bereichert. Wer keinen Kugelgrill besitzt – egal ob mit Gas oder mit Kohle betrieben –, der sollte wenigstens eine große Edelstahlschüssel mitnehmen, um damit das Grillgut auf dem Rost wie mit einem Deckel abdecken zu können und so beispielsweise den Käse auf den Hamburgern schmelzen zu lassen.

Zubehörteile wie ein Pizzastein oder eine Paella-Pfanne bieten zahlreiche weitere Möglichkeiten der Zubereitung mit nur einem Gerät. Der Grill ist nicht nur Grill, Sie können auf dem Grill auch ganz bequem kochen. Besonders gut eignen sich dazu sogenannte Schnitzelpfannen mit zwei Henkeln statt eines langen Stiels. Sie bieten den Vorteil, dass sich – ohne den störenden langen Stiel – der Grilldeckel schließen lässt. Es müssen nicht immer Nackensteaks und Kartoffelsalat sein, auch Bratkartoffeln und Spiegelei gelingen so hervorragend. Oder einfache Gerichte mit Sauce, die beim Grillen nicht anfällt.

TIPP

Es gibt viele verschiedene Anzünder für den Grill oder die Feuerstelle, Sie können diese aber auch ganz einfach selbst herstellen und nebenbei noch etwas Urlaubsmüll verwerten: Sie benötigen lediglich leere Eierkartons, Kerzenreste und eine Hitzequelle. Die Kerzenstummel schmelzen Sie und gießen in jede Vertiefung der Pappe etwas Wachs. Zum Gebrauch können Sie die Eierpappe einfach auseinanderreißen und anzünden, fertig ist der Grillanzünder.

Ein Gulaschkessel über dem Lagerfeuer sieht nicht nur urig aus, er macht aus einem ganz normalen Grillabend auch eine richtige Kult-Veranstaltung. Beim Kochen auf dem Feuer gibt es allerdings einiges zu beachten, um den Erfolg nicht zu gefährden: Zum einen sollten Sie bei größeren Portionen im Vorfeld üben, denn nichts ist gefährlicher als eine Horde hungriger Camper. Als Dreibein sollten Sie eine wirklich stabile Lösung wählen, denn ein Kessel mit 30 Litern kochender Suppe an einem wackeligen Baumarkt-Dreibein ist lebensgefährlich. Außerdem wiegt dieser Kessel dann über 30 Kilogramm und ist von einem kräftigen Menschen alleine nicht mehr zu transportieren. Man kann den Arm gar nicht so weit vom Körper wegstrecken, wie es nötig wäre, um den Kessel zu tragen.
Eine besondere Beachtung sollten Sie dem Holz schenken, denn besonders zum Anbraten der Fleischportionen benötigen Sie besonders viel Hitze. Die erreichen Sie ausschließlich mit gut daumendickem Holz, das in heller Flamme brennt, dafür aber auch schnell abbrennt. Sie sollten zum anfänglichen Anbraten genug dünnes Holz bereithalten. Später lassen Sie den Kessel zum Simmern über zwei bis drei armdicken Scheiten hängen. Um die Höhe des Kessels zum Feuer zu verändern, bewegen Sie die Beine des Dreibeins zum Feuer hin oder weiter weg. Das ist die eleganteste Lösung und wesentlich sicherer als zu versuchen, den schweren Kessel anzuheben und die Kette zu verkürzen, womöglich wenn die Flammen neben dem Kessel nach oben schlagen (denn warum sollten Sie sonst die Höhe vergrößern wollen?).

Gaskocher

Gaskocher sind sehr leicht zu bedienen und vergleichsweise sparsam im Verbrauch.
Es gibt sie in vielen Größen vom kleinen Kartuschenbrenner bis zum dreiflammigen Gaskocher. Die unterschiedlichen Kartuschen-

systeme sind jedoch nicht immer kompatibel und es ist auch nicht jedes System überall erhältlich. Auch kann bei Außentemperaturen im Minusbereich das Butan keine brennbaren Gase mehr bilden und ist darum für Camping in sehr kalten Gegenden ungeeignet. Für einen Familienurlaub auf einem Campingplatz sollte ein Gaskocher jedoch erste Wahl sein. Die Gasflaschen gibt es mittlerweile mit Manometer, auf dem Sie den Füllstand der Flasche ablesen können. Diese sind aber eher selten und auch relativ teurer. In den meisten Fällen sieht man den Gasflaschen von außen nicht an, wie viel Gas sie noch enthalten. Es ist aber möglich, den Verbrauch und somit den Inhalt zu schätzen: Aus einer einfachen 5- oder 11-kg-Gasflasche kann aus physikalischen Gründen rund ein Kilo pro Stunde abgezapft werden, das sind etwa 10 kWh Energie. Wenn Sie die Leistung Ihres Brenners kennen, dann können Sie daraus den Gasvorrat errechnen. Wenn die Gasflasche von außen beschlägt, entspricht die Höhe des Beschlags der noch vorhandenen Füllhöhe. Auf jeder Flasche ist aber auch das Leergewicht (Tara) angegeben. Mithilfe einer einfachen Federwaage aus dem Angel- oder Jagdgeschäft können Sie die Flasche wiegen und so den restlichen Gasvorrat bestimmen. Die Federwaage sollte ein Gewicht bis 30 kg angeben, da allein die leere Flasche schon 10,7 kg und das Gas bis zu 11 kg wiegen kann.

Wenn Sie im Wohnwagen auf Gas angewiesen sind – weil evtl. auch die Heizung oder der Kühlschrank mit Gas betrieben werden –, sollten Sie unbedingt eine zweite gefüllte Flasche in Reserve halten.

Sie werden, bei einem kleinen Kocher mit nur einer Flamme aber häufigem Einsatz, etwa 450 Gramm Gas pro Person in der Woche verbrauchen. Diese kleinen Campingkocher mit Wechselkartuschen und die winzigen Kocher für Rucksackreisende sind zwar nett für unterwegs, aber als ständige Ausrüstung in einem Wohnmobil schlecht geeignet. Zum einen ist die Gasfüllung einer solchen Einwegkartusche verglichen zu einer großen Mehrweg-Gasflasche sehr teuer. Zum anderen ist die Abdichtung nicht so gut, dass man sich darauf verlassen kann. Wenn man den Kocher nach einigen Wochen wieder benutzen möchte, ist die Flasche meist leer. Auch sind die kleinen Kocher recht wackelig und nur für die Benutzung im Freien vorgesehen.

TIPP

Ein Gasdetektorspray sollte bei der Verwendung von Gaskochern in Ihrer Campingausrüstung nicht fehlen – es gibt Ihnen und Ihrer Familie ein sicheres Gefühl.

Spirituskocher

Spirituskocher sind sehr einfach zu bedienen, jedoch gar nicht bis wenig regulierbar. Außerdem sollte bedacht werden, dass sie bei niedrigen Temperaturen nur sehr schlecht funktionieren. Der Brennstoff Ethanol besitzt auch nur einen sehr geringen Heizwert und eignet sich aufgrund dessen eher zum Erwärmen von Getränken oder bereits vorgekochter Mahlzeiten. Für eine Familienreise mit dem Wohnmobil sind diese kleinen Geräte also nicht zu empfehlen. Viele Hersteller bieten sehr kompakte bzw. faltbare Kocher an,

die für Backpackertouren geeignet sind. Ein Vorteil ist, dass keine giftigen Gase entstehen und diese somit auch im geschlossenen Zelt einsetzbar sind. Eine Person benötigt im Schnitt etwa einen Liter Spiritus pro Woche.

Esbitkocher

Jeder „Gediente“ kennt die kleinen Esbit-Kocher aus der Bundeswehrzeit. Esbitkocher verwenden Trockenspiritus in Tablettenform als Brennstoff. Sie können sehr klein gefaltet werden und passen dann sogar in eine Hosentasche. Sie haben aber viele entscheidende Nachteile: Sie lassen sich nur draußen verwenden, sie haben wenig Energie und taugen nur, um eine Fertigkonserve aufzuwärmen. Aber einen entscheidenden Vorteil haben sie doch, der sie zur Standardausrüstung eines Campers macht: Man sieht dem Esbit an, dass er funktioniert. Solange die Verpackung unbeschädigt ist, brennt der Esbit-Brennstoff. Einer Gasflasche sieht man das nicht an.

Benzinkocher

Benzinkocher sind nur für extreme Situationen die erste Wahl, sollen aber vollständigkeitshalber erwähnt werden. Sie sind zwar meist nicht ganz so leicht zu bedienen, weil sie in der Regel erst vorheizen müssen, aber sie funktionieren auch bei Kälte und in großen Höhen. Weitere Vorteile sind, dass der Brennstoff weltweit verfügbar, vergleichsweise günstig zu erwerben ist und Benzin den höchsten Heizwert aller vorgestellten Systeme besitzt. Andererseits sind Benzin und seine Dämpfe hoch entzündlich. Grob kann man davon ausgehen, dass man pro Kopf etwa 0,75 Liter Benzin in der Woche benötigt. Achten Sie darauf, nur Reinbenzin oder Bleifrei zu verwenden.

Petroleumkocher

Petroleumkocher sind vor allem auf Booten sehr weit verbreitet. Der Grund liegt in dem weltweit verfügbaren Brennstoff, der zusätzlich auch sehr preisgünstig und ergiebig, aber nicht so feuergefährlich wie Benzin ist. Mit niedrigen Außentemperaturen kommt er auch sehr gut zurecht. Nachteile sind, dass Petroleum beim Anzünden zunächst unangenehm riecht und ein Petroleumkocher sehr stark rußt. Sie werden aber nur etwa 0,6 Liter pro Person in einer Woche verbrauchen.

TIPP

Schreiben Sie kleine Zettel mit den wichtigsten Vorräten, wie z. B. „Kaffee“ oder „Salz“. Wenn Sie das letzte Päckchen aus dem Vorrat nehmen, stecken Sie den Zettel in das Kleingeldfach Ihres Portemonnaies. So haben Sie einen wunderbaren wiederverwendbaren Einkaufszettel und immer rechtzeitig Nachschub.

Messer und anderes Küchenzubehör

Wer längere Zeit auf einem Campingplatz oder in einer Ferienwohnung zubringt, der wird sicherlich bei der Küchenausrüstung Abstriche hinnehmen, Melonenausstecher oder Zestenreißer sind entbehrlich, unverzichtbar sind aber ein ordentliches, scharfes Messer und ein Wetzstahl, damit das auch so bleibt. Aus unerfindlichen Gründen finden sich in der „Zweitausstattung" oft all die Dinge wieder, die im normalen Leben nicht richtig funktionieren, zum Wegwerfen aber zu schade sind. Das ist genau die falsche Herangehensweise. Wenn Sie Spaß am Kochen haben, dann beobachten Sie sich doch einmal beim Kochen in der heimischen Küche und merken sich die Messer, die Sie bevorzugen. Diese zwei oder drei Messer sollten Sie entweder in den Urlaub mitnehmen oder ein zweites Mal kaufen, um sie dauerhaft im Camper zu belassen. Genauso sieht es mit den anderen Dingen aus: Schneebesen, Kochlöffel, Pfannenwender, Pfeffermühle, Dosenöffner etc. Gerade bei der zur heimischen Alltagsküche häufigeren Verwendung von Dosen sollten Sie einen ordentlichen Dosenöffner mitnehmen, damit Sie sich nicht zeitgleich mit der Dose auch die Pulsadern öffnen und der Urlaub zu Ende ist, bevor er richtig angefangen hat.

Geschirr

Das Geschirr aus den heimischen vier Wänden eignet sich im Normalfall nicht für einen Campingausflug. Es ist meist zu schwer und zu zerbrechlich. Plastikgeschirr kann heutzutage auch nicht mehr uneingeschränkt empfohlen werden. Es ist zwar schön leicht

und zerbricht nicht, aber leider zerkratzt es sehr schnell und kann dann nicht mehr richtig gereinigt werden. Melamingeschirr hingegen ist stoß- und kratzfest sowie relativ leicht. Melamin gibt es in vielen Mustern und Ausführungen und vom Suppenteller über Butterdosen bis zum Eierbecher gibt es eine große Auswahl. Beachten Sie bitte, dass Melamin nicht für die Mikrowelle geeignet ist. Eine Alternative bietet Geschirr aus Bambus: Es ist ebenfalls sehr leicht und nahezu unzerbrechlich, außerdem ist es auch recyclebar und kostet nicht mehr als Melamin. Auf Gläser sollten Sie beim Zelten gänzlich verzichten, zu schnell fällt mal eines hinunter und erzeugt gefährliche Glassplitter. Gut geeignet sind jedoch „Gläser" aus Polycarbonat oder Acryl und für Kinder lassen sich die bunten, leichten Plastikbecher sehr gut stapeln. Falls Sie in Ihrem Wohnmobil nicht auf „richtiges" Glas verzichten möchten, haben sich für Stielgläser Clip-Glashalter bewährt. Die Halter werden im Schrank fest verschraubt und die Clips halten die Gläser sehr gut an Ort und Stelle, auch wenn es mal etwas holpriger wird.

Besteck

Die Menge an Besteck hängt ganz von Ihrem Platzangebot ab. Wenn Sie mit dem Zelt unterwegs sind, empfiehlt sich zusammenklappbares Camping-Besteck, das relativ solide ist und sich vor allem platzsparend verstauen lässt. Außerdem haben Sie vom Dosenöffner über Messer und Gabel bis zum Suppenlöffel alles dabei. Im Wohnwagen können Sie Besteck aus Ihrer Küche verwenden, aber achten Sie dennoch darauf, nicht zu viel mitzunehmen, um Gewicht zu sparen. Mit überschüssigem Besteck und Geschirr können Sie auch mal Gäste bewirten – auch wenn es auf dem Campingplatz üblich ist, seinen Teller und sein Besteck selbst mitzubringen oder es zumindest anzubieten.

Dosenöffner

Wer viel mit Dosen kocht, der sollte sich bei der Auswahl des Dosenöffners einige Gedanken machen. Bei meinen Kochkursen sehe ich immer wieder die erstaunten Gesichter, wenn Teilnehmer nach langem Probieren mit „modernen" Dosenöffnern den Deckel abgetrennt haben und weder scharfe Kanten noch verbeulte Dosen zu sehen sind. Man muss diesen Dosenöffnern aber auch eine Chance geben. Denken Sie beim Thema Dosenöffner auch an die Sicherheit, denn ein tiefer Schnitt in der Hand verdirbt Ihnen einige Tage der schönsten Zeit des Jahres.

Tisch

Ein großes Drama ist die Sache mit den Tischen. „Camping-Tische" sind oft gleichbedeutend mit dünnem Plastik und wackeligen Beinen. Ich bin ein großer Freund von soliden und stabilen Lösungen und greife auch gerne auf den Baumarkt zurück. Was sich zum Beispiel als Camping-Tisch lohnt, ist eine Küchen-Arbeitsplatte aus der Reste-Abteilung, denn sie muss ja nur 1–2 Meter lang sein. Dazu zwei einfache Maler-Böcke und der Tisch ist absolut stabil.

Esskiste

Für die Lagerung der Lebensmittel bieten sich alte Munitionskisten oder andere luftdicht abschließende Kisten oder Schränke an. So bleiben die Leckereien auch bei hoher Luftfeuchtigkeit trocken – und auch das Mäuseproblem vieler Plätze ist auf einfache Weise gelöst. Es muss natürlich nicht unbedingt eine Kiste sein, aber Sie sollten Ihre Vorräte dennoch an einem Ort gesammelt aufbewahren, um einen guten Überblick über die aktuellen Bestände zu behalten. Nichts ist ärgerlicher, als hungrig vor einem leeren Schrank zu stehen und dann die anderen drei möglichen Lagerorte abzusuchen und dort auch nichts zu finden. Also besser einen kleinen Vorrat an einem Ort aufbewahren und regelmäßig auffüllen.

TIPP

Pro Person benötigen Sie bei einem Abwasch pro Tag:
2 Tassen
2 Becher
1 Müslischale
2 Sätze Besteck
2 große flache Teller
2 kleine flache Teller
2 tiefe Teller.

RUND UMS KOCHEN

KÜHLEN

Im Wohnwagen ist im Normalfall ein (kleiner) Kühlschrank vorhanden, dennoch kann es sinnvoll sein, diesen durch eine Kühltasche zu erweitern. In diese kommt alles, was nicht unbedingt bei 7 °C gekühlt werden muss, aber auch nicht zu viel Wärme verträgt. Wie z. B. Obst, Gemüse, Kartoffeln usw. Zusätzlich kann die Kühltasche mit Kühlelementen bestückt werden, die jedoch nach längerer Zeit wieder im Eisfach „geladen" werden müssen. In Deutschland gibt es an fast jeder größeren Tankstelle auch Beutel mit Eis zu kaufen, mit denen man die Kühltasche bestücken kann, um die Lebensmittel runterzukühlen bzw. kühl zu halten. Neben Kühl-Akkus eignen sich auch Plastik-Wasserflaschen. Sie sollten sie aber nur zu drei Vierteln füllen, da sich das Wasser beim Gefrieren ausdehnt. Wenn Sie Getränke kalt lagern wollen, sollten Sie die Flaschen vorher einige Zeit in kaltes Leitungswasser (hat meist 4–8 °C) legen, um den Energieaufwand zu senken und schneller ein kaltes Getränk zur Verfügung zu haben. Auch bietet es sich an, alle Flüssigkeiten, die in eine Kühlbox sollen, zuhause einzufrieren – wie Milch, Säfte etc., so übernehmen Sie den Effekt von Kühl-Akkus und tauen in ein bis zwei Tagen wieder auf. Ebenso können Sie mit Lebensmitteln verfahren, die Sie auf der Fahrt nicht unbedingt benötigen, wie Speck, Wurst usw. Empfindliche Lebensmittel sollten immer in stabile Behältnisse verpackt werden, um sie vor dem Zerquetschen zu schützen.

Bei einem längeren Zeltausflug ohne Möglichkeit, die Kühl-Akkus wieder einzufrieren, kann ein Bach helfen, Lebensmittel länger frisch zu halten. Verschließen Sie Ihre Lebensmittel in einem wasserdichten Beutel und hängen diesen ins fließende Wasser. Binden Sie den Beutel aber unbedingt am Ufer an. Wenn kein Gewässer in der Nähe ist, kann mit Hilfe von Verdunstungskälte Abhilfe geschaffen werden: Die zu kühlenden Lebensmittel werden hierfür einfach in eine Schüssel oder einen Topf gelegt und mit einem nassen Handtuch abgedeckt. Beim Verdunsten entstehen so im Topf kühle Temperaturen. Achten Sie hier vor allem auf einen möglichst luftigen aber schattigen Platz. Beispielsweise unter Ihrem Auto, zwischen Büschen oder zur Not können Sie auch eine kleine Grube ausheben – aber vielleicht nicht unbedingt auf dem Campingplatz …
Frisches Gemüse, Kartoffeln oder Karotten können Sie in einem feuchten Sack einfach in den Schatten legen, die Bodenfeuchtigkeit und die Kühle helfen, die Waren frisch zu halten. Achten Sie aber auf jeden Fall auf

Ungeziefer und sonstige Tiere, die dies für eine Einladung halten könnten.

Als Flaschenkühler für spartanische Camper hat sich eine nasse Socke bewährt: Stülpen Sie die nasse Socke über Ihre Flasche und stellen diese an einen schattigen und luftigen Ort. Sie können die Sockenspitze auch überhängen lassen und diese in ein Gefäß mit Wasser tauchen – die Kapillarwirkung wird das Wasser zur Flasche ziehen und dort durch Verdunstungskälte für ein kühles Getränk sorgen.

WÄRMEN

Kochen in der Thermoskanne

Eine Thermoskanne ist nicht nur zum warm- oder kaltstellen von Getränken oder Speisen geeignet. Man kann auch damit kochen. Allerdings sollte die Speise auf die Kanne abgestimmt sein, damit man beispielsweise den Milchreis nach dem Ausquellen auch wieder herausbekommt. Isolierte Speisenbehälter sind in verschiedensten Ausführungen in Campinggeschäften erhältlich.

Kühltasche

Jeder denkt bei der Kühltasche automatisch an kalte Getränke und Picknick. Kaum jemand denkt daran, dass man eine Kühltasche auch zum Warmhalten nutzen kann. Sie sollten daher beim Kauf darauf achten, dass die Kühltasche nicht schlank und hoch ist, sondern einen ordentlichen Topf aufnehmen kann. Ein typisches Gericht für eine Kühltasche – eher bekannt als Kochkiste der Nachkriegszeit – ist Milchreis. Dieser wird angekocht und dann in der Kochkiste zwischen Handtüchern verpackt. Nach einigen Stunden ist er immer noch heiß, gut durchgequollen und fertig zum Verzehr. Er kann dabei aber nicht mehr anbrennen. Bei Nudeln ist das ähnlich. Für ein gutes Gulasch nutze ich die kurzen Makkaroni und koche sie knapp gar. Jetzt kommt der Trick: Sofort abgießen und mit Wasser abspülen, damit die Stärke verschwindet und die Nudeln nicht kleben. Mit einfachem Speiseöl übergießen, durchrühren und in den Thermobehälter geben. Diesen Aufwand wird man für vier Portionen nicht betreiben, aber wenn Sie einen großen Gulaschkessel für 20 Personen ansetzen, dann können Sie in demselben Topf vor dem Gulasch bedenkenlos die Nudeln kochen und sie drei bis vier Stunden warmhalten, während Sie das Gulasch kochen.

TRANSPORTIEREN

Auch wenn Sie im Wohnwagen grundsätzlich mehr Platz haben als bei einer Backpacker-Tour, müssen die Vorräte gut und vor allem sicher verstaut werden.

Wenn in der heimische Küche Lebensmittel transportiert werden müssen, dann geschieht das meist in Schüsseln. Beim Camping ist das etwas anders, denn alles muss abgedeckt sein und zwar mit einem richtigen Deckel, besonders wenn man mit dem Camper durch die Gegend fährt. Zu diesem Zweck gibt es zahlreiche Dosen und Schüsseln, die dann auch gleichzeitig ohne Deckel auf dem Tisch eine gute Figur machen. Wichtig ist, dass die leeren Dosen auch ineinander gestapelt werden können, um Platz zu sparen.
Immer wieder kommt auch der gute alte Henkelmann mit drei gestapelten Essensträgern zum Einsatz und wieder zu alten Ehren. Hierin lassen sich drei verschiedene Komponenten eines Essens mitnehmen und auf dem Grill oder Gasbrenner auch vorsichtig wieder anwärmen.
Um die Lebensmittel mitnehmen zu können ist eine Lebensmittelkiste mit Deckel von Vorteil. Ich nutze eine große Kühlkiste, die auch als Sitz gut zu gebrauchen ist. Innen ist alles hell und sauber, sie kann ausgewaschen werden und isoliert auch noch gut. In dieser Kühltruhe finden auch Lebensmittel Platz, die nicht gekühlt werden müssen.
In größeren Campern ist Stauraum für Lebensmittel, zumindest trockene Ware und Konserven, vorgesehen.
Für alle Arten von Flüssigkeiten eignen sich Weithalsflaschen. Dies sind robuste Behälter aus Polyethylen in verschiedenen Größen. Alles was körnig oder pulvrig ist, sollte unbedingt in Gefäße mit Schraubverschluss kommen. Außerdem ist es immer gut, wenn Sie verschließbare Tüten dabei haben. Ob zum Marinieren von Fleisch oder zum Trockenhalten von Reis, sie nehmen wenig Platz weg und bieten viele Einsatzmöglichkeiten. Für den Transport ungekochter Eier gibt es sogenannte Eierkoffer aus festem Material, die vor Zerdrücken schützen. Sie können die Eier aber auch in eine PET-Flasche schlagen und diese dann sicher transportieren. Wenn Sie mehr Platz zur Verfügung haben, bieten sich natürlich auch Tupperware und ähnliches an.
Kleinere Mengen, wie zum Beispiel Gewürze, waren früher sehr gut in Filmdosen aufgehoben. Im digitalen Zeitalter sind diese aber nicht mehr in jedem Haushalt anzutreffen. Die durchsichtigen Döschen eines bekannten Lutschdragé-Herstellers erfüllen aber einen ebenso guten Zweck. Beachten Sie im Wohnwagen auch, dass alle Vorräte so dicht wie möglich verschlossen werden und möglichst aus bruchsicherem Material bestehen sollten. Erschütterungen werden nicht selten ungepuffert auf den Wagen übertragen und so mancher, vermeintlich gut gesicherter Gegenstand begibt sich auf die Reise durch den Wohnwagen. Was eine geplatzte Packung Mehl anrichten kann, vor allem wenn es erst bei der Ankunft bemerkt wird und es zuvor durch italienische Serpentinen ging, können Sie sich sicher vorstellen.

VORRÄTE

Platz ist immer ein Problem beim Camping. Wenn Sie sich aber ordentlich vorbereiten, dann macht das Kochen draußen gleich noch mal so viel Spaß. Denken Sie einfach nur daran, wie viel Spaß es macht, aus einer 500-Gramm-Tüte Reis nur die Hälfte zu nehmen, die andere bei leichtem Nieselregen wegzupacken und dann festzustellen, dass die Tüte doch nicht richtig zu war und der Reis überall im Küchenschrank verteilt ist. Wie viel einfacher ist es hingegen, wenn Sie nur den eckigen Plastik-Weithals-Kanister mit 1 Liter Inhalt öffnen, die benötigte Menge Reis abmessen und den Kanister wieder zuschrauben. Sollte er zu Boden fallen, passiert dem elastischen Kunststoff nichts. Sauber beschriftet steht er neben den anderen Kanistern mit den anderen Nährmitteln und Gewürzen, die Sie zuhause schon umgefüllt haben. Eckige Kanister lassen sich wesentlich platzsparender verstauen als runde Kanister. Beim Camping sollten Sie sich immer auf das schlimmste Wetter einrichten, das Sie sich nur vorstellen können. Besonders einige Tage Dauerregen lässt alle Papp-Verpackungen und deren Inhalte Wasser ziehen und klamm und lappig werden. Salz und Zucker ziehen von sich aus auch noch Feuchtigkeit und fangen an zu klumpen, wobei das Salz dann alles korrodieren lässt und der Zucker alles verklebt. Auch hier sind die Plastikkanister oder Schraubgläser ein Muss.

TIPP

Beschriften Sie nicht nur den Deckel, sondern auch den Kanister selbst. Und schneiden Sie aus der Verpackung die Lasche mit dem Mindest-Haltbarkeitsdatum heraus und geben Sie es mit in den Kanister.

TIPP

Machen Sie sich vor der Reise einen Essensplan, damit Sie passgenau einkaufen können. Planen Sie dabei auch einige Mahlzeiten ein, die direkt aus den Vorräten kalt verzehrt werden können.

Denken Sie auf jeden Fall an eine Möglichkeit, das Essen kühl und fliegensicher aufzubewahren. Eine kleine Kühlbox, die mit Strom vom Zigarettenanzünder gespeist wird, reicht zumindest für einige Würste und Steaks und die Frühstücksbutter aus. Und im Wohnwagen oder Camper ist mit Sicherheit ein kleiner Kühlschrank vorhanden. Weitere Tipps finden Sie weiter vorne im Kapitel „Kühlen“.

FRISCHES

Beim Camping ist die Versorgung mit frischen Lebensmitteln abhängig vom Standort und den Möglichkeiten. Wer mit dem Camper die Wüste Gobi durchquert, wird mehr auf Konserven ausweichen müssen als der Wochenend-Camper in der Nähe einer größeren Stadt oder herrlicher Landmärkte. Da die meisten Campingplätze im Winter geschlossen sind, wird man eher im Sommer campen, und das heißt die frischen Lebensmittel müssen gekühlt werden. Oder Sie kaufen nur so viel ein, wie Sie auch zeitnah verbrauchen können.

KONSERVEN

Panzerplatten/ Hartkeks/EPA-Keks

Es ist immer gut, in der Kochkiste etwas zu bunkern, das man ohne großen Aufwand essen kann. Die Bundeswehr-Kekse sind dafür ideal geeignet. Sie sind auch heute noch frisch erhältlich und lange lagerfähig, wobei auch die Verpackung ungemein strapazierfähig ist. Dazu eine Dose Leberwurst oder Schmalzfleisch und der Tag ist gerettet. Auch Streichkäse passt gut zu den Keksen. Der letztere wird traditionell mit Marmelade gegessen – sozusagen als Nachtisch. Sie kön-

nen sich nicht vorstellen, wie viele Menschen ich schon nach einigen Bieren mit diesen Panzerplatten statt Chips versorgt und dabei glücklich gemacht habe.

TIPP

Schreiben Sie das Haltbarkeitsdatum mit einem Filzstift auf die Vorratsdosen, dann können Sie schnell und einfach die ältesten Vorräte zuerst verbrauchen.

DAUERWAREN UND NOTVORRÄTE

Speck

Ein ordentliches Stück Speck erst in Butterbrotpapier und dann in ein Handtuch gewickelt sollte in keinem Camper fehlen. Kaufen Sie handwerklich gemachten Speck vom Schlachter und nicht den wässrigen Bauchspeck aus dem Supermarkt.

Schinken

Schinken ist zum Braten und als Brotauflage eine gute Sache, gerade für denjenigen, dem Speck zu fettig ist. Und so manches Gericht lässt sich mit Schinkenwürfeln noch veredeln.

Mettwurst

Eine geräucherte Mettwurst bietet ein gehaltvolles Frühstück und kann auch wunderbar als Proviant für Touren mitgenommen werden. Sie ist sehr lange haltbar und kann einfach in den Wohnwagen oder ins Vorzelt gehangen werden. Solch eine harte Mettwurst kann auch mal einige Wochen hängen bleiben. Aber bitte immer auf Ungeziefer achten!

Dosenwurst

Ist lange haltbar und muss nicht gekühlt werden. Neben Dosenwurst ist Schmalzfleisch oder Rindfleisch „aus der Bundesreserve" ein wichtiger Bestandteil in jedem Vorrat. Als Reserve im Wohnwagen kam es oft schon auf der Hinreise ins Urlaubsgebiet dazu, dass sie mit Brot an einer Raststätte an der Autobahn verschlungen wurde. Es gibt sie in vielen verschieden Sorten und Geschmacksrichtungen. Kaufen Sie erst eine Dose und probieren Sie den Inhalt, damit Sie sich nicht durch etliche Dosen futtern müssen, die Ihnen nicht schmecken.

Fisch in Dosen

Dosenfisch und Thunfisch in Dosen sollte in keinem Vorrat fehlen, weil er sich gut kalt essen lässt.

Erbswurst

Die eiserne Ration des preußischen Soldaten. Seit etlichen Jahrzehnten ist diese Mischung aus Erbsmehl, Fett und Gewürzen unverändert in Produktion. Mit Wasser wird daraus eine Erbsensuppe, die nicht mit Tütensuppen vergleichbar ist. Sie lässt sich auch sehr schnell und einfach mit etwas Speck, einer bekannten scharfen Chili-Sauce und Würstchen aus dem Glas „veredeln".

Knäckebrot

Die dickeren Sorten sind praktischer und auch schmackhafter, außerdem soll Brot satt machen und da ist das Roggenknäcke ideal.

Oliven und Kapern

Lassen sich in vielen Rezepten verwenden und schmecken in einem schnellen Sommersalat ebenso gut wie im selbstgebackenen Brot.

Dosenbrot

Als eiserne Reserve sollten Sie auch die eine oder andere Dose Brot einbunkern. Mit einer Dose Leberwurst dazu haben Sie lange haltbare Verpflegung, die Sie auch kalt essen können und die keine weiteren Utensilien erfordern, um richtig satt zu machen.

Bockwürstchen

Egal ob im Glas oder in der Dose, sie eignen sich super zum Aufpeppen von Suppen, um sie mit etwas Ketchup zwischen ein Brötchen vom Vortag zu legen oder kalt als Imbiss zum abendlichen Bier.

Salz

Salz zieht Wasser, besonders in einer Hütte, die nur schlecht isoliert und nicht durchgehend bewohnt ist. Verwahren Sie es in einem Schraubglas und legen Sie einen Löffel dazu, vorzugsweise einen nichtrostenden aus Kunststoff.

Bratfett

Verwenden Sie ein hochwertiges Olivenöl, am besten extra vergine und kaltgepresst. Es eignet sich zum Kochen, Marinieren usw. und hat nicht nur geschmacklich mehr zu bieten als das einfache Sonnenblumenöl, sondern findet auch in Sommersalaten Verwendung. Achten Sie unbedingt auf eine dunkle Flasche, die wesentlich unempfindlicher gegen Sonneneinstrahlung ist.
Butter ist nicht gut geeignet, ebenso festes Fett, da dieses gekühlt werden muss.

Pilze

Frisch, getrocknet oder in Dosen peppen sie wunderbar alle nur erdenklichen Gerichte auf – von Pasta bis zu Salaten.

Kaffeepulver

Gibt es in allen erdenklichen Geschmacksrichtungen in Portionsbeuteln und damit erheblich praktischer als eine große Dose im Anbruch.

Marmeladen

Egal ob selbstgemacht oder gekauft, sie gehören zu einem Urlaubsfrühstück einfach dazu und sind im geschlossenen Glas sehr lange haltbar.

Tee

Teetrinker sollten einige Teebeutel in einem Schraubglas deponieren. Das ist praktischer als loser Tee, da keine Teefilter erforderlich sind. Für kleinere Mengen gibt es aber auch Teetassen mit integriertem Teesieb.

Trinkwasser

Nicht immer leicht zu bekommen und je nach Aufenthaltsort ist auch der Wasserursprung nicht zweifelsfrei klärbar. Achten Sie beim Kauf von Trinkwasser immer auf den Verschluss, um nicht abgefülltes Leitungswasser zu erwerben. Der relativ „sterile" Lebensraum, in dem wir uns aufhalten, hat unsere Abwehrkräfte nur für einen sehr geringen Verkeimungsgrad des Trinkwassers mobilisiert. Somit kann der Körper schon unangeneme Reaktionen zeigen, wenn die jeweiligen Einheimischen bei denselben Keimen keine Reaktion zeigen. Im Zweifelsfall hilft 10-minütiges Abkochen oder ein Filtersystem wie Micropur oder Certsil. Es gibt mittlerweile auch handliche UV-Wasserentkeimer, die mit Batterien funktionieren.

NÄHRMITTEL

Zucker

Ist fast unbegrenzt haltbar, sollte aber auf jeden Fall trocken und ungeziefersicher aufbewahrt werden. Ein Marmeladen-Schraubglas ist gut geeignet. Ich nutze gerne braunen Zucker, der noch etwas mehr Geschmack in den Grog bringt.

Butter/Margarine

Sollte nicht fehlen und kann neben dem Frühstück auch zum Backen verwenden werden.

Käse
Die Sorte hängt natürlich von Ihrem Geschmack ab, aber ein Gouda macht sich auf einem Brot zur Wanderung ebenso gut wie als Reibekäse über den Nudeln.

Mehl
Gehört zu den Zutaten, die fast unbegrenzt haltbar sind, wenn Sie diese trocken und sicher vor Ungeziefer aufbewahren. Plastik-Weithals-Kanister oder Einmachgläser sind gut geeignet. Wenn das Mehl dann noch dunkel steht, ist es auch nach Jahren noch zu verwenden, auch wenn die Vitamine dahin sind. Und irgendwann kommt einmal der Tag, an dem man daraus Bannock, das Brot der Waldläufer, backen kann. Auch zum Andicken von Suppen und Saucen braucht man es hin und wieder. Als Langzeitvorrat eignet es sich gut, Sie müssen es nur in einer Plastiktüte einschweißen. (Stechen Sie vorher ein Loch in die Papiertüte, damit die Luft aus dem Mehl entweichen kann.

Müsli
Wiegt nicht viel und erweitert nicht nur das Frühstück. Wenn die Sonne brennt, kann ein Müsli mit frischem Obst und kalter Milch auch ein erfrischendes Mittagessen abgeben.

Backpulver/Trockenhefe
Wer Mehl bevorratet, der sollte auch Backpulver und/oder Trockenhefe einlagern, denn Bannock schmeckt mit Backpulver immer noch besser als ganz ohne Treibmittel. Wenn Sie Mehl portionsweise einschweißen, dann legen Sie immer gleich die notwendige Anzahl Backpulvertüten dazu.

Kartoffeln
Frische Kartoffeln sind nicht besonders gut lagerfähig und sehr schwer. Im Winter frieren sie durch, werden süß und verderben dann sehr schnell, gehören aber vielerorts dennoch zum Urlaub. Je nach Urlaubsland werden sie dort auch Kartoffeln vorfinden und müssen diese nicht erst importieren. Kaufen sie eher kleine Mengen, die Sie schnell verbrauchen. Zwar können Kartoffeln unter dem Wohnwagen eine Zeit lang frisch gehalten werden, aber bei einem längeren Urlaub sollten Sie doch lieber einen Nachkauf in Erwägung ziehen oder auf Trockenprodukte wie Püree oder Knödel zurückgreifen. Zum Grillen gehören für viele Folienkartoffeln einfach dazu. Wenn Sie sie einfach in Alufolie eingewickelt oben in den Anzündkamin Ihrer Grillkohle legen, sind sie fertig, sobald auch die Kohle durchgeglüht ist. Wenden aber nicht vergessen!

Kartoffelpüree
Geht schnell und passt eigentlich zu jedem Gericht, zu dem auch Kartoffeln passen würden.

Klöße und Knödel
Genau wie Kartoffelpüree gibt es hervorragende Produkte fertig zu kaufen. Die Klöße im Kochbeutel haben den Vorteil, dass Sie dazu nur einen Topf mit Wasser aufzusetzen brauchen und Sie so wesentlich weniger Abwasch produzieren.

Reis
Auch wenn Reis nicht das typische Gericht für Camper ist, sollte man doch welchen bevorraten, auch wenn Sie ihn selbst nicht so mögen. Achten Sie auf eine Verpackung, die keine Feuchtigkeit zulässt, wie z.B. einen Plastik-Weithals-Kanister oder Einmachgläser.

Spaghetti
Wer Speck mit auf den Campingplatz nimmt, der sollte auch Spaghetti dabeihaben. Schnell ist eine Tomatensauce mit Speck oder eine Carbonara gemacht, und mit den Spaghetti hat man eine warme Mahlzeit in einer Viertelstunde.

Spätzle

Ein idealer Vorrat für den Camper! Trocken gelagert fast unbegrenzt haltbar.

BEILAGEN

Sauerkraut

Modernes Sauerkraut ist vorgegart und in drei Minuten fertig. Portionsdosen davon sollten in keinem Notvorrat fehlen. Das Beste daran ist die Tatsache, dass man das Kraut nicht erst abspülen muss, sondern es aus der Dose oder der Tüte direkt in die Pfanne schütten und kurz erhitzen kann.

Rotkohl

In Gläsern oder Dosen ist Rotkohl eine gute Beilage und sollte in passenden Portionsdosen in der Proviantkiste zur Verfügung stehen.

Linsen

Eine Dose Linsen warmmachen und mit einigen Würstchen anreichern und schon haben Sie eine leckere Linsensuppe.

Bohnen

Gebackene Bohnen oder Kidney-Bohnen in Portionsdosen sind eigentlich Pflicht in jedem Wohnwagen. Aufgrund der langen Kochzeit eignen sich getrocknete Bohnen nur für sehr gut ausgestattete Küchen und wenn Sie viel Zeit haben.

SAUCEN ETC.

Tomatensauce

Entweder fertige Spaghettisauce im Glas oder im Tetra-Pack oder – wenn es auf Gewicht ankommt – als Tomatenmark in der Tube.

Sauce Bernaise

Im Tetra-Pack – meine Geheimwaffe, um kurzgebratenes Fleisch mit einer schnellen und schmackhaften Sauce zu versehen.

Saucenpulver

In der Urlaubsküche gibt es üblicherweise viel Kurzgebratenes, bei dem mir persönlich immer etwas Sauce fehlt. Praktisch ist auch Bratensauce aus der Tube.

Senf

In Tuben oder in Portionsbeuteln hält er sich länger als in angebrochenen Gläsern, die ohne Kühlung schnell unansehnlich werden.

Pesto

Kann man wunderbar zu Hause vorbereiten und eignet sich im Urlaub sowohl beim Weinabend auf einem Brot als auch in schnellen Pasta-Saucen.

WÜRZEN UND VERFEINERN

Gewürze

Ein leidiges Thema in Küchen, die nur wenig benutzt werden, sind uralte Gewürze, die ihre Würzkraft und das Aroma verloren

haben. Dabei ist es ganz einfach, diese in Marmeladengläsern mit Schraubverschluss unterzubringen. Gewürzregale mit 30 verschiedenen Sorten sind völlig überflüssig, Pfeffer, Salz, Curry, Paprika und Chili reichen in den meisten Fällen aus, wer etwas mehr benötigt, kann noch Oregano, Thymian und Zimt einpacken.

TIPP

Nutzen Sie für den Pfeffer einen Mörser oder eine Pfeffermühle. Die ganzen Körner verlieren ihre Würzkraft nicht durch die Lagerung. Frisch gemörsert hat Pfeffer ein unvergleichliches Aroma und ersetzt viele andere Gewürze, gerade bei der einfachen Küche.

Zwiebeln

Mit Zwiebeln und Speck lässt sich viel anstellen, daher sollten Sie immer Zwiebeln mitnehmen. In einer kühlen Ecke sind sie auch einige Zeit lagerfähig. Da Zwiebeln recht billig sind, sollten Sie sich nicht scheuen, einige mehr mitzunehmen. Achten Sie aber auch hier auf das Gewicht und kaufen Sie die Zwiebeln am besten vor Ort auf einem Markt. Faulende Zwiebeln verbreiten einen üblen Gestank.

Fondor

Meine Geheimwaffe für alle Fleischgerichte und Suppen.

Maggi

In der Flasche bringt es Geschmack an viele Gerichte und ersetzt einen ganzen Schrank voller Gewürze, die Sie nicht im Wohnwagen kutschieren wollen. Außerdem hält es auch ohne Kühlung erstaunlich lange.

Sahne

Gibt es als H-Sahne in Tetra-Paks und eignet sich nicht nur, um Kurzgebratenes mit einer leckeren Sauce aufzupeppen, sondern auch, um Kartoffelbreipulver den letzten Schliff zu geben. Wenn man wenig Platz hat, kann man mit der Sahne auf Kaffeemilch verzichten.

Gekörnte Brühe

Schnell eine heiße Tasse Brühe und das altbackene Brot rutscht viel besser durch den Hals, außerdem ist die gekörnte Brühe praktischer zu dosieren als Brühwürfel und die Grundlage für manche Sauce oder Suppe.

TIPP

Sie wissen nicht, ob der Rest im Tetra-Pack noch gut ist? Schneiden Sie den Karton oben komplett ab, dann können Sie reinschauen und sehen genau, was in der Schachtel schon wohnt.

TIPP

Gießen Sie von angebrochenen Verpackungen niemals direkt in den Topf, ohne vorher zu probieren, ob die Nahrungsmittel noch gut sind. Sie verderben sonst evtl. das ganze Gericht.

NÜTZLICHES ZUBEHÖR

Als Backpacker hinterfragt man jedes einzelne Stück seines Gepäcks und überlegt, ob das Messer, der Teller oder die Konserve wirklich in den Rucksack müssen. Doch auch wenn Sie Ihr Gepäck nicht selbst tragen müssen, sollten Sie stets das Gesamtgewicht und die Verhältnisse vor Ort im Auge behalten und im Zweifel lieber auf leichte und universell einsetzbare Ausrüstung setzen, als auf schwere Speziallösungen. Im Zelt werden Sie keine Küche vorfinden und selbst ein einfacher Tisch mit Stühlen gehört nicht zur Standardausrüstung. Sind Sie mit dem Auto unterwegs, können Sie schon etwas weniger minimalistisch packen. Doch zu Fuß oder per Fahrrad rächt sich jedes unnötige Gramm und schon der Gummihammer scheint von Meter zu Meter schwerer zu werden.

Der Wohnwagen oder das Wohnmobil verleiten gern dazu, alles Mögliche in letzter Minute doch noch zu verstauen. Doch passen Sie auch hier bitte ganz besonders auf und beachten Sie unbedingt das zulässige Gesamtgewicht! In Norwegen beispielsweise werden bei der Einreise strenge Kontrollen vorgenommen. Sollte Ihr Wagen zu schwer sein, müssten Sie jedes überschüssige Kilogramm an der Grenze zurücklassen! Eine genaue Kontrolle vor der Fahrt ist daher sinnvoll, am besten nutzen Sie eine öffentliche Waage zunächst mit dem leeren Wagen und dann noch einmal, wenn er vollständig beladen ist. Vielleicht kann das Eine oder das Andere ja doch zuhause bleiben?
Im Anschluss finden Sie einige Hinweise zu nützlichem Zubehör. Ausführliche Pack- und Checklisten finden Sie am Ende des Buches.

- **Stromkabel** von mind. 25 m Länge. Zusätzlich noch ein CEE-Kabel bzw. einen Adapter mit einem Eurostecker, am liebsten wasserfest!

- **Windschutz.** Auf einen sehr guten Abspann achten! Statt Heringen können „peggypegs“ (Schraubheringe aus Kunststoff) verwendet werden.

- **Paracord 550.** Als Ersatzleine im Zelt, als Wäscheleine oder zur Fixierung von Ladung, der Einsatzbereich von Paracord ist schier grenzenlos.

- **Toilettenpapier**, vor allem im Zelt kann das Papier schnell Feuchtigkeit ziehen. Mit Hilfe einer CD/DVD-Spindel kann dies leicht verhindert werden.

- **Feuerlöscher, Löschdecke oder ein Eimer Wasser** sollte immer in Reichweite einer Feuerstelle bereitstehen. Aber niemals Wasser auf brennendes Fett schütten.

- **Hausapotheke**, der Inhalt hängt natürlich von Ihnen ab. Ggf. sollten Sie dies auch mit Ihrem Hausarzt besprechen.

- **S-Haken in Kombination mit einem Saugnapf mit Öse** sind multifunktionell: zum Trocknen von Kleidung, im Sanitärbereich usw.

- **Gasflaschen-Inhaltsmesser**

- **Nähzeug**

- **Wäscheklammern**

- **Kühltasche**

- **Regenschutz.** Es kann auch im wärmsten Sommer passieren, dass die Sonne mal Urlaub macht und große Regenwolken ihren Dienst verrichten. Gebrauchte Ponchos aus dem Militärbedarf haben sich für den Urlaub besonders bewährt. Sie sind sehr dicht und können aufgrund der Größe und Ösen vielseitig genutzt werden: Mit Hilfe eines Stockes und etwas Seil kann schnell ein Regen- oder Sonnensegel aufgestellt werden, als Windschutz ist es ebenso nützlich, der Grill und das Fahrrad werden vor Regen geschützt, besonders empfindliche Dinge können wasserdicht verpackt werden usw.

- **Kerzen** sollten immer dabei sein. Sie erzeugen nicht nur ein sehr gemütliches Licht, sondern sie helfen auch die Zeit eines Stromausfalls im Wohnwagen zu überbrücken. Je nach Urlaubsgebiet bieten sich Mückenkerzen an, damit Sie beim abendlichen Pokerspielen nicht auch noch von der Natur ausgesaugt werden.

- **Licht.** Auf vielen Campingplätzen, und erst recht in der freien Natur, ist es dunkler als zu Hause. Dies kann zum einen an der fehlenden Hintergrundbeleuchtung der Städte liegen, aber häufig hat es auch psychologische Gründe. Die Umgebung ist fremd und häufig kommen unbekannte Geräusche hinzu, da kann schon mal der Wunsch nach Sicherheit in Form einer guten Lichtquelle aufkommen. Offenes Feuer, auch in Form von Gaslampen, ist zwar gemütlich, kann aber umkippen. LED-Lampen sind sicherer und lassen sich häufig dimmen. Stirnlampen sind praktisch, wenn die Hände frei sein müssen, z. B. bei nächtlichen Reparaturen, Kochen im Dunkeln usw. Mit einer Stirnlampe und einem Wasserkanister lässt sich schnell ein gemütliches Licht erzeugen, welches nicht so grell und kalt wirkt wie eine LED-Lampe.

- **Seife**

- **Desinfektionsmittel**. Gibt es sowohl in flüssiger als auch in Gelform. Das Desinfiktionsgel hat den Vorteil, dass es sehr schnell auf der Haut trocknet. Nicht nur im Wohnwagen, sondern auch im Auto für Rastplätze etc. ist das Gel eine gute Möglichkeit, sich zu verarzten oder die Hände vor dem Essen zu „waschen", auch ohne Waschbecken.

- **Duschmittel**

- **Zahnbürste und Zahnpasta**

- **Handtücher**. Mikrofasertücher sind zwar etwas teurer in der Anschaffung, leisten aber auch Beträchtliches: Sie saugen sehr viel Wasser auf (ca. fünfmal so viel wie herkömmliche Handtücher) und trocknen sehr schnell wieder.

- **Decken bzw. Schlafsäcke**

- **Campingmöbel** müssen nicht immerwackeln und aus dünnem Plastik bestehen: Ein stabiler Tisch lässt sich bereits aus zwei Malerböcken und einer Platte (ggf. aus Resten des Holzzuschnitts im Baumarkt oder einer Küchen-Arbeitsplatte) herstellen. Mittlerweile gibt es aber eine Vielzahl von guten Campingmöbeln aus sehr leichten und dennoch stabilen Materialien. Beim Kauf sollten sie darauf achten, dass die Möbel bequem in das Auto oder in den Staukasten passen. Falls auf der Fahrt zum Urlaubsplatz keine Übernachtungen geplant sind, können die Möbel natürlich auch im Wohnwagen gelagert werden. Während es bei den Stühlen vor allem auf Gewicht (Alu), Bequemlichkeit sowie Haltbarkeit ankommt, haben sich Campingtische bewährt, die stufenlos höhenverstellbare Füße sowie ein Netz für Butter und Marmelade unter der Tischplatte besitzen. Außerdem sollte darauf geachtet werden, dass an allen vier Seiten eines Tisches gesessen werden kann, ohne durch Querstreben behindert zu werden.

- **Luftmatratzen oder luftgefülltes Badespielzeug** bekommen schnell Löcher. Bei kleineren Objekten kann noch mithilfe des Wassertests das Loch gefunden werden Aber bei einer luftgefüllten Matratze kann dies deutlich schwieriger werden. Für diese Fälle gibt es den „Lochschnüffler", eine kleine Dose gefüllt mit Styroporkügelchen, die loswirbeln sobald ein Loch gefunden wurde.

- **Gummihammer.** Beim Trekking werden Sie sicher andere Möglichkeiten finden, Ihre Zeltnägel in die Erde zu bekommen, aber für einen stressfreien Familienurlaub auf einem Zeltplatz sollten Sie einen im Gepäck haben.

- **Klapp- oder Faltspaten**. Vor allem, wenn Sie nicht auf Campingplätzen lagern, ist ein Klappspaten unverzichtbar. Er eignet sich zum Ausheben von Gräben, um einen Wasserablauf zu gewährleisten, um eine Feuerstelle tiefer zu legen, für eine Notdurft.

- **Deichselschloss**

- **Deichselhaube**

- **Vorzeltlampe**

- **Vorzeltteppich**

- **Fußabtreter bzw. Fußmatte.** Ein Tritt aus Metall oder Kunstoff, um bequem in den Wagen ein und austeigen zu können, wird durch eine Fußmatte noch funktioneller und lässt Dreck und Sand vor der Tür. Achten Sie auf einen Tritt mit einklappbaren Füßen, um keinen Platz zu verschwenden.

- **Wagenschürze, witterungsbeständig.** Wird mittels Keder in die Schiene unter dem Wagen eingezogen. Wirkt gegen Zugluft und hält unter dem Wagen relativ kühl. Gut geeignet für die Lagerung von Getränkeflaschen, die keinen Platz mehr im Kühlschrank finden. Von der Lagerung von Lebensmitteln ist aufgrund von Ungeziefer eher abzuraten. Mittlerweile gibt es auch Wagenschürzen mit bereits integrierten Aufbewahrungstaschen, die viel Platz unter dem Wohnwagen bieten und dennoch vor tierischen Besuchern und Feuchtigkeit (achten Sie beim Kauf auf atmungsaktives Insektenschutzgewebe) schützen. Beachten Sie beim Kauf unbedingt Ihre Wagenlänge.

- **Platten für die Stützen**. Stützen versinken gerne mal im Matsch oder der nassen Wiese. Dies kann zu einem sehr unschönen Gleichgewichtsverlust des ganzen Wagens führen. Nehmen Sie also unbedingt kleine Platten mit, die ca. 2 cm dick und ca. 20 x 25 cm groß sein sollten. Das Material bleibt Ihnen überlassen, aber meist finden sich bereits in der Restekiste beim Holzzuschnitt eines Baumarktes in der Nähe vier passende Brettchen. Zwei Keile für die Reifen können zusätzlich sinnvoll sein, um ein Wegrollen des abgekoppelten Wagens zu verhindern.

- **Wohnwagen-Utensilos**. Polster sind bei den meisten Herstellern als „Ersatzteil“ zu kaufen und es lassen sich daraus wunderbare Utensilos in Polsterfarbe herstellen. Nähen, dann auf Hartfaserplatten aufziehen, an die Wand schrauben und fertig.

Pfanne

Topf

Dutch Oven

Grill

HINWEIS:

Es wird beim Camping viel mit Dosen gekocht, daher hier unsere Einteilung:
Eine kleine Dose entspricht einer maximalen Füllmenge von 425 ml (400 g),
eine große Dose entspricht 850 ml (800 g).

DIE REZEPTE

FRÜHSTÜCK

Das Frühstück sollte eigentlich die wichtigste Mahlzeit des Tages sein, fällt im Alltag aber häufig einfach aus. Am Wochenende oder im Urlaub genießt man die freie Zeit und das Frühstück mutiert oft zum Brunch, man lässt sich Zeit und isst auch Speisen, die sonst nicht auf dem Speisezettel stehen. Viele Campingplätze bieten Brötchen-Service an, sodass man nicht mal selbst zum Bäcker laufen muss und den Tag ganz entspannt beginnen kann.

AMERIKANISCHES FRÜHSTÜCK

Das Amerikanische Frühstück mit Speck, Eiern, Würstchen, gebackenen Bohnen und Pfannkuchen ist schnell gemacht. Der Duft des gebratenen Specks kann aber schnell Zeltnachbarn anlocken!

ZUTATEN FÜR DIE PANCAKES:

- 150 g Mehl
- 2 EL Zucker
- 1 TL Natron
- 1 TL Backpulver
- 1 Msp. Salz
- 1 Ei
- 200 ml Milch
- 3 EL Öl

NACH BELIEBEN:

- Frühstücksbacon
- Nürnberger Würstchen
- Eier
- Gebackene Bohnen

In einer kalten, trockenen Pfanne wird der Speck sauber ausgelegt. Die Pfanne erhitzen, bis der Speck die Feuchtigkeit verliert, sich zusammenzieht und goldbraun wird. Den Speck umdrehen und von der anderen Seite bräunen.
Jetzt ist auch Platz in der Pfanne, um die Nürnberger Würstchen zu braten. Einfach zum Speck in die Pfanne geben und von beiden Seiten anbraten.
Den Speck aus der Pfanne nehmen und auf etwas Küchenkrepp abtropfen lassen.
Pro Person ein bis zwei Spiegeleier in die Pfanne schlagen und nach Belieben durchgaren. Die Würstchen und die Eier aus der Pfanne nehmen und zur Seite stellen.

Für die Pancakes die Eier, die Milch und das Öl mischen. Nach und nach die trockenen Zutaten zugeben, zu einem nicht zu dickflüssigen Teig glatt rühren und einige Minuten quellen lassen. Die Pancakes mit etwas Butter in der Pfanne ausbacken.

Zum Schluss die gebackenen Bohnen in der heißen Pfanne aufwärmen.

TIPP

Zu den Pancakes unbedingt Ahornsirup servieren!

BROT TOASTEN

Zum Frühstück sollte ein Weißbrot schon getoastet sein, aber nicht jeder Camper verfügt über einen elektrischen Toaster. Dafür gibt es spezielle Toaster-Aufsätze, die über einer Gasflamme aufgestellt werden und die Hitze durch Schlitze und Löcher in der Grundplatte an die schräg aufgelegten Scheiben weiterleiten. Hier sollten Sie auf jeden Fall dabeistehen und die Scheiben rechtzeitig umdrehen!

HAFERFLOCKEN

Haferflocken bzw. Hafergrütze war lange die Speise der armen Leute. Als Porridge ist es heute noch in Schottland beliebt. Aufgrund ihrer Vielseitigkeit sollten Haferflocken in keiner Proviantkiste fehlen. Mit viel Wasser und etwas Zucker aufgekocht erhält man einen leicht verdaulichen Haferschleim, der zum Frühstück den Magen nicht belastet, wenn der Abend vorher etwas ausschweifender war oder man sich an der fremden Küche am Urlaubsort den Magen verdorben hat.
Mit kalter Milch, Zucker oder Honig, Früchten oder Rosinen und evtl. etwas Kakao-Pulver erhält man ein leckeres Müsli für den vitaminreichen Start in den Tag. Mein Favorit aber ist das „Oatmeal" – mit Zucker und Milch aufgekocht und mit etwas mehr Kondensmilch und Ahornsirup als Frühstück serviert. Die Schweden essen diese „Gröt" mit Apfelmus.
Mit den trockenen Haferflocken kann man auch Fleisch oder Fisch panieren, was eine besondere nussige Note ergibt, als Mehlersatz Kuchen oder Plätzchen backen und noch vieles mehr.

SPECK UND EIER

Jeder kennt Speck und Eier von zuhause, aber mein Spezialrezept ist unschlagbar herzhaft: Braten Sie Räucherspeckwürfel in etwas Butter an, bis sie fast kross sind, dann geben Sie Zwiebelwürfel hinzu und braten diese glasig an. Zum Schluss schlagen Sie die Eier direkt darüber, und rühren diese nur wenig durch. Es sollen sowohl gelbe als auch weiße Stellen zu sehen sein, nicht nur eine gleichmäßige hellgelbe Masse. Am besten schmeckt dieses Gericht mit Pfeffer und Schnittlauchröllchen bestreut direkt aus der Pfanne mit einer Scheibe Brot mit Butter oder einem Brötchen.

EIER BENEDIKT

Dieses traditionell amerikanische Frühstück ist etwas feiner als ein derbes Bauernfrühstück. Durch das Pochieren der Eier ist es nicht gut vorzubereiten, aber für ein ruhiges Frühstück zu zweit hervorragend geeignet.

ZUTATEN PRO PORTION:

- 2 frische Eier
- 1 Scheibe Brot oder
- 1 Brötchen
- 1 Scheibe gekochter
- Schinken oder
- Frühstücksspeck
- 2–3 EL Sauce Hollandaise

Die Eier in eine Tasse oder eine große Suppenkelle schlagen, die Eigelbe sollen dabei unversehrt bleiben. In einem großen Topf Salzwasser mit einem ordentlichen Schuss Essig zum Kochen bringen. Dann die Hitze herunterschalten, damit das Wasser nicht mehr sprudelt. Mit einem Schneebesen oder Löffel rühren Sie das Wasser schnell im Kreis, sodass sich ein Strudel bildet. Die Eier ganz vorsichtig und aus geringer Höhe in die Mitte des Strudels geben. Das Wasser muss sich dabei weiter bewegen, damit die Eier kompakt bleiben. 2–3 Minuten simmern lassen, dann herausnehmen und auf Küchenpapier abtropfen lassen.

Nebenbei den Schinken oder den Frühstücksspeck in einer Pfanne anbraten und das Brot oder die Brötchenhälften toasten und dünn mit Butter bestreichen.

Den Schinken auf das Brot legen, die Eier darauf geben und mit der Sauce Hollandaise krönen. Mit etwas Petersilie oder Schnittlauch garnieren und sofort servieren.

BAUERNFRÜHSTÜCK

Ein ordentliches Bauernfrühstück ist der richtige Start in den Tag, wenn eine Wanderung oder andere körperlich anstrengende Tour anliegt. Es ist natürlich auch als schnelles Mittagessen geeignet. Die Grundlage bilden die Pellkartoffeln (oder Salzkartoffeln) vom Vortag. Dazu reicht man Graubrotscheiben mit Butter, eine saure Gurke und zum Nachwürzen traditionell einige Spritzer Maggi-Würze. Da es sich dabei um ein echtes Junggesellenessen handelt, hängt die Menge der Zutaten vom Hunger ab.

ZUTATEN PRO PORTION:

- 1–2 große vorgekochte Kartoffeln
- ½ Zwiebel
- ¼ Tasse Speckwürfel (oder Mettwurstwürfel)
- 1–2 Eier
- 1 Gewürzgurke
- Pfeffer und Salz
- Schnittlauch
- Butterschmalz zum Braten

Die kalten Kartoffeln in Scheiben oder Würfel schneiden und in viel Butterschmalz in einer großen Pfanne anbraten. Sobald sie gut Farbe angenommen haben, wird der fein gewürfelte Speck dazugegeben. Sobald dieser knusprig zu werden beginnt, kommen die Zwiebelwürfel dazu, die nur noch glasig werden sollten. Das Ei darüber geben, verrühren und leicht stocken lassen. Dazu können Sie eine Gußeisenpfanne schon vom Feuer nehmen, die Restwärme reicht meist aus. Reichlich mit Pfeffer würzen. Vor dem Salzen erst abschmecken, wie viel Salz der Speck in das Gericht gebracht hat.

Zum Anrichten auf einen Teller geben, eine saure Gurke dazu legen, mit Schnittlauchröllchen bestreuen und Maggi mit auf den Tisch stellen. Wenn Ihnen das Gericht zu fettig ist, essen Sie dazu eine Scheibe Bauernbrot.

SAURER HERING ALS KATER-FRÜHSTÜCK

Nach einer anstrengenden Nacht helfen ein saurer Rollmops und ein Tomatensaft dem müden Camper wieder auf die Beine.

ZUTATEN PRO PORTION:

- Rollmops aus dem Glas
- Essiggurken
- Toast
- Butter
- Tomatensaft
- Tabasco
- heiße Fleisch- oder Gemüsebrühe

Wer ein Katerfrühstück braucht, der hat sicherlich kein Auge für die Schönheit eines perfekt gedeckten Frühstückstisches. Die Rollmöpse werden – ein ausreichend dimensionierter Mund vorausgesetzt – am Holzstiel gegriffen und im Ganzen aus der Hand verspeist. Dazu gebutterten Toast, eine Essiggurke und ein Glas Tomatensaft mit einem ordentlichen Spritzer Tabasco. Wer etwas Heißes trinken möchte, der sollte zu einer Tasse Brühe greifen. Ganz Unentwegte versuchen es zusätzlich mit einem Konterbier.

TIPP

Wichtig für die Haltbarkeit ist, die Eier nicht mit den Fingern aus dem Glas zu fischen, sondern immer einen sauberen Löffel zu verwenden. Sonst wird die Sole schlecht und trübe. Sobald die Sole trübe zu werden beginnt und sich Kahmhefen auf der Oberfläche bilden, sollten Sie die Eier aus der Sole nehmen, unter fließendem Wasser abspülen, im Kühlschrank aufbewahren und innerhalb von zwei Tagen verbrauchen. Wenn es zu viele Eier sind, dann kochen Sie eine frische Sole und gießen diese über die abgespülten Eier in das frisch gereinigte Glas. Litern Sie vorher das Glas aus, damit Sie genug, aber auch nicht zu viel Sole ansetzen.

ZUTATEN:

- 12–24 Eier

FÜR DIE SOLE:

- 5 l Wasser
- 300 g Salz
- 1 Tasse Essig
- 5 Lorbeerblätter
- 5 Pimentkörner
- 1 TL Pfefferkörner
- 1 EL Senfkörner
- 1 Chilischote
- weitere Gewürze nach Geschmack

SOL-EIER

Beim Camping ist ein schnell aus der Hand zu essender Imbiss immer willkommen, besonders wenn man einige Nachbarn und Freunde spontan zum Bier eingeladen hat. Seit alters her passen Sol-Eier hervorragend und einfach zu machen und zu transportieren sind sie obendrein. Weil sie sich auch ohne Kühlung halten, können Sie sie auch schon zuhause vorbereiten und im Glas in den Urlaub mitnehmen. Leider sind diese Eier zu Unrecht völlig in Vergessenheit geraten. Früher stand ein Glas mit Sol-Eiern auf jedem Tresen einer ordentlichen Eck-Kneipe und daneben unter einer schmierigen Plastikhaube ein Teller mit Frikadellen.

Kochen Sie die Eier – zwölf Stück sollten es schon sein, sonst lohnt es sich nicht – mindestens 20 Minuten, sie müssen richtig hart sein. Dann schrecken Sie die Eier unter kaltem Wasser ab.

Kochen Sie parallel die Sole auf. Dazu pro Liter Wasser 60 Gramm Salz und Gewürze (Pfeffer, Lorbeer, Piment, Wacholder, Kümmel, Chili für die, die es scharf mögen) aufkochen. Zum Färben können Sie braune Zwiebelschalen, Rote-Beete-Saft oder einige äußere Blätter Rotkohl hinzufügen.

Die Eier leicht anschlagen, damit die Schalen Risse bekommen, dann in ein verschließbares Glas stapeln. Durch die Risse bildet sich auf den Eiern später ein lustiges Ader-Muster, besonders beim Färben mit Rote-Beete-Saft. Das Färben hat jedoch nur optisch etwas zu bieten, geschmacklich macht es keinen Unterschied.

Die Sole noch heiß über die Eier geben und mindestens drei Tage ziehen lassen. Nach zwei bis drei Wochen verfärbt sich das Eigelb gräulich-grünlich und riecht etwas nach Schwefelwasserstoff. Das ist nicht weiter schlimm, wird von vielen Kennern sogar als Zeichen der Reife geschätzt.

Zum Essen im Freien pellt man das Ei ab und gibt auf die Spitze etwas Senf, dann beißt man ab, gibt wieder Senf darauf und so weiter. Am Tisch reiche ich die Eier der Einfachheit halber mit Servietten oder Küchentüchern. Jeder pellt das Ei auf das Tuch, schneidet es mit einem Messer durch, entfernt das Eigelb und füllt etwas Essig, Öl, Pfeffer (Chili-Sauce, Maggi, Worcester-Sauce, Wasabi-Paste etc.) in die Höhlung und setzt das Eigelb wieder zurück. Dann kommt noch etwas Senf auf das Eigelb und die Eihälfte wird mit einem Bissen gegessen. Zum Schluss werden die Eierschalen in dem Küchentuch eingewickelt und entsorgt. So hat man wenig Abwasch und das Essen ist ganz unkompliziert.

Bei unseren Kochkursen bleiben manchmal eine oder mehrere Paletten Eier übrig, die ich dann zu Sol-Eiern verarbeite und beim Dorfstammtisch ausgebe. Bisher habe ich noch nie auch nur eines wieder mitnehmen müssen, weil einige Mittrinker zu fortgeschrittener Stunde auch noch ein viertes oder fünftes Ei gegessen haben. Drei Stück pro Person ist aber schon sehr großzügig bemessen.

TIPP

Die Marmelade wird sich nicht lange halten und sollte gleich verzehrt werden.

SCHNELLE MARMELADE

Wie oft findet man beim Wandern wilde Früchte, die sich toll für eine Marmelade eignen würden – wenn man wüsste, wie im Wohnwagen damit umzugehen ist. Dabei ist das viel einfacher als gedacht. Sie brauchen nur zu den Früchten (Himbeeren, Erdbeeren, Brombeeren etc.) die gleiche Gewichtsmenge Zucker zu geben und beides zusammen vorsichtig aufzukochen. Den entstehenden Schaum müssen Sie abschöpfen. Sobald die Früchte zerkocht sind und zu gelieren beginnen, ist die Marmelade fertig. Da diese Marmelade mit normalem Zucker statt mit Gelierzucker nicht besonders stark geliert, ist die Marmelade deutlich flüssiger. Aber das macht eigentlich nichts, denn man muss sich ja nicht gleich das ganze Brot bestreichen, sondern gibt einfach auf jeden Bissen einen Löffel Marmelade. Durch den geringeren Zuckergehalt und die fehlende Möglichkeit, die Marmelade zu verschließen, ist sie natürlich nur begrenzt haltbar, aber im Wohnmobil wird kaum jemand große Mengen davon herstellen wollen, und so fällt die Marmelade eher dem sofortigen Verzehr als dem Verderb zum Opfer. Sie schmeckt übrigens auch gut auf Eis, Milchreis oder Waffeln. Auch kann man einen Esslöffel davon in ein Sektglas geben und mit Mineralwasser, Sekt oder Prosecco aufgießen.

ZUTATEN:

500 g Früchte (Kirschen, Erdbeeren, Mirabellen, etc.)
500 g Zucker (muss kein Gelierzucker sein)
ggfs. ein Spritzer Zitronensaft oder Zimt.

Die frischen gewaschenen Früchte in einen Topf geben und mit dem Zucker bedecken. Zwei Stunden stehen lassen, damit sich schon etwas Saft bildet. Sollte das nicht gelingen, weil die Früchte noch zu trocken sind, dann müssen Sie etwas Wasser in den Topf geben, damit nicht der Zucker unten anliegt und karamellisiert.

Lassen Sie nun den Topf auf ganz kleiner Flamme langsam köcheln. Sie sollten das immer gut im Auge behalten und oft umrühren. Sobald die Früchte eingekocht und der Zucker aufgelöst ist, können Sie die Marmelade in saubere Gläser füllen, diese verschließen, auf den Kopf stellen und erkalten lassen.

SUPPE

Manchmal braucht man aber einfach etwas zum Sattmachen und zur Gemütsaufhellung. Neumodisch heißt das „Soul Food“, wir nennen es „Mampf“, denn „ohne Mampf kein Dampf“. Die Situation ist bekannt: Man kommt im Dunkeln an, die Sonne schien den ganzen Tag in vollen Strömen, alles ist nass und klamm, da mag keiner den Grill anwerfen. In solchen Momenten braucht man ganz schnell eine Suppe, und zwar eine wie zuhause, die nicht nur warm, sondern auch satt, glücklich und zufrieden macht.

SCHNELLE LINSENSUPPE

Der gewiefte Camper plant voraus und wirft in Notfällen den Brenner mit einem Suppentopf an. Etwas Öl und eine Zwiebel andünsten, dann Würstchen (gut: Frankfurter oder Schinkengriller) oder einige Speckwürfel anbraten und eine Dose Linsen dazugeben, mit einer halben Dose Wasser verlängern, Essig, Zucker und einige Spritzer Maggi dazu, und zehn Minuten nach dem Anfeuern gibt es etwas Gehaltvolles, Warmes in den Bauch!

ZUTATEN FÜR 1–2 PORTIONEN:

(Bei einer Person bleibt etwas übrig, für zwei ist es vielleicht zu wenig, zwei Dosen reichen aber für drei Leute)

- 1 Dose Linsen (485 ml)
- 2 Schinkengriller
- oder Räucherspeck
- 1 Zwiebel
- ½ Dose Wasser
- Maggi, Zucker und Essig
- nach Geschmack
- Öl zum Anbraten

Das Öl in einem Topf erhitzen. Die Zwiebel in feine Würfel schneiden, in den Topf geben und glasig dünsten. Die Würstchen in Scheiben schneiden und ebenfalls anbraten. Sollten Sie Speck verwenden, dann erst den gewürfelten Speck anbraten und danach die Zwiebeln dazugeben.

Sobald die Zwiebeln weich sind und die Wurst etwas glasig wird, die Linsen dazugeben und in der Dose gleich das Wasser abmessen und damit die Reste der Linsen ausspülen. Mit Zucker und Essig abschmecken. Salz ist meist nicht notwendig, das kommt aber auf die Wurst an, evtl. müssen Sie noch nachsalzen.

Bei diesem Gericht ist es nicht wichtig, die letzten kulinarischen Raffinessen herauszuarbeiten. Der Camping-Küchen-König ist, wer den Topf Suppe möglichst schnell auf den Klapptisch bringt.

1.

2.

3.

4.

TIPP

Die Erbswurst erst fein zerstoßen, das geht z. B. mit einem Hammerstiel sehr gut. Dann mit kaltem Wasser verrühren und die Klumpen mit einem Löffel an der Topfwand zerdrücken. Was sich jetzt nicht auflöst, bleibt auch nach dem Kochen ein Klumpen und sollte rausgefischt werden.

ERBSWURST

Bei uns ist die Erbswurst der Notnagel bei ausgefallener Heizung und leerem Kühlschrank. Und aufgrund der Tatsache, dass Erbswurst über hundert Jahre lang Truppenverpflegung war, bekam die „aufgewertete" Variante den Ehrentitel „Mit Eichenlaub und Schwertern" (mit Zwiebeln und Würstchen).

ZUTATEN PRO PORTION:

2 Tabletten Erbswurst
Speck
½ Zwiebel
1 Würstchen
½ l Wasser

Einfache Variante: Pro Portion Suppe zwei Tabletten Erbswurst abtrennen und in einem Topf zerstoßen. Dann das kalte Wasser (wichtig!) aufgießen und langsam erhitzen. So kann die Suppe nach fünf Minuten Kochen aus einer Tasse geschlürft werden.

Mit Eichenlaub und Schwertern: Ein ordentliches Stück Speck und eine Zwiebel in erbsengroße Würfel schneiden und in einem Topf glasig anbraten. In einem anderen Topf zwei Tabletten Erbswurst zerstoßen und mit dem kalten Wasser verrühren. Die kalte Mischung zu dem Speck und den Zwiebeln geben und fünf Minuten köcheln lassen. Wer mag, kann auch noch ein Wiener Würstchen in Scheiben geschnitten (werden schneller warm) dazugeben.

TOMATENSUPPE

Eine einfache Tomatensuppe ist aus Dosentomaten schnell gemacht und wertet ein einfaches Essen ungemein auf.

ZUTATEN FÜR 4 PORTIONEN:

- 2 große Dosen geschälte Tomaten
- 1 EL Tomatenmark
- 2 Zwiebeln
- 1 Knoblauchzehe
- 1 Liter Brühe
- 1 Tasse Reis oder Suppennudeln
- Pfeffer und Salz
- Chilipulver
- Sprühsahne zur Dekoration
- frische Kräuter zur Dekoration

Die Zwiebeln und den Knoblauch in feine Würfel schneiden und zusammen mit dem Tomatenmark in einem Topf glasig dünsten.

Aus den Tomaten den Stilansatz herausschneiden und die Tomaten in kleine Stücke teilen. Zusammen mit dem Tomatensaft aus der Dose zu den Zwiebeln in den Topf geben. Mit etwa einem Liter Brühe auffüllen und mit Pfeffer, Salz und Chilipulver würzen.

Den Reis oder die Nudeln als Einlage in die Suppe geben und in der Suppe garen. Mit etwas Sprühsahne und frischen Kräutern heiß servieren.

GULASCHSUPPE

Gulasch ist eine Sache für sich, es gibt unzählige Rezepte, und jedes behauptet, das einzig Richtige zu sein. Lassen Sie sich bei einem Gulasch nicht verunsichern, es war ein Eintopf, in dem verarbeitet wurde, was gerade zur Hand war, und so sollten Sie es auch betrachten. Es gibt die Möglichkeit, das Gulasch als Suppe etwas dünner zu kochen, dabei müssen Sie das Fleisch in kirschgroße Stücke schneiden. Als Fleischbeilage zu Klößen oder Nudeln macht sich das Fleisch in pflaumengroßen Würfeln besser.

ZUTATEN FÜR 4–6 PORTIONEN:

- 1 kg Gulaschfleisch, halb und halb
- 250 g Räucherspeck
- 5 Zwiebeln
- 1 kleine Dose geschälte Tomaten
- 1 rote Paprika
- 1 grüne Paprika
- 1 gelbe Paprika
- 1 TL Thymian
- 1 TL Kümmel
- 1 TL Majoran
- 1 TL Pfeffer
- 2 TL Paprikapulver edelsüß
- 1 TL Salz

Das Fleisch und den grob gewürfelten Räucherspeck von allen Seiten kräftig anbraten. Die Zwiebeln grob würfeln und im Topf glasig andünsten. Die Paprika in schmale Streifen schneiden, zufügen und anschwitzen.

Zum Ablöschen die Tomaten samt Flüssigkeit in den Topf geben. Zusätzlich mit zwei Litern Wasser oder noch besser mit Brühe auffüllen. Die Gewürze hinzufügen und bei geschlossenem Deckel zwei Stunden köcheln lassen.

Besonders schick ist es, das Gericht in Halb-Liter-Plastikbechern auszugeben. Zuerst einige Nudeln in den Becher, dann das brühend heiße Gulasch darüber geben, sodass die evtl. nur noch lauwarmen Nudeln wieder aufgewärmt werden. Dazu frisches Baguette reichen.

TIPP

**Dieses Rezept eignet sich hervorragend zur Zubereitung in einem 12-Zoll-Dutch-Oven. Dazu den Dutch Oven auf 6–10 glühende Kohlen stellen und das Gulasch zwei Stunden köcheln lassen. Sollten die Kohlen zwischendurch ausglühen und das Gulasch abkühlen, macht das dem Gulasch nichts aus. Zum Verzehr einfach wieder erhitzen.
Man kann den Topf auch im erkaltenden Lagerfeuer köcheln lassen, bevor man zur Wanderung oder zum Schwimmen geht.**

ZWIEBELSUPPE

Der Klassiker der französischen Küche

ZUTATEN FÜR 4 PORTIONEN:

- 6 große Zwiebeln
- 2 Knoblauchzehen
- 1 Liter Brühe
- Pfeffer, Salz und Chilipulver
- 4 Scheiben getoastetes Toastbrot
- 4 Scheiben Käse, zum Überbacken,
- alternativ 100 Gramm Streuselkäse

Die Zwiebeln in dicke Ringe schneiden, den Knoblauch fein hacken. In etwas Fett in einem schweren Topf glasig dünsten, dann leicht bräunen. Mit der Brühe ablöschen und mit Pfeffer, Salz und Chilipulver würzen.

Lassen Sie die Suppe einige Minuten simmern, dann auf vier Schüsseln verteilen. Auf jede Schüssel kommt eine Scheibe Toastbrot mit Käse, der überbacken wird:
Das Überbacken funktioniert gut in einem Kugelgrill. Wer etwas mehr Show will, der erhitzt eine Stahlpfanne im Grill bis fast zur Rotglut und hält diese wie einen Salamander über die Suppenschüsseln, sodass der Käse schmilzt.

IRISH STEW

Ein Eintopfgericht, das nicht nur im Winter schmeckt. Für den Sommer machen Sie es etwas flüssiger, dann geht es als Gemüsesuppe durch. Traditionell gehört Schaffleisch dazu, aber wem das zu streng ist, der nimmt Lammschulter oder Rindfleisch, beispielsweise Hochrippe.

ZUTATEN FÜR 4 PORTIONEN:

- 1 kg Lamm- oder Rindfleisch
- 2 Zwiebeln
- 1 Knoblauchzehe
- 2 Karotten
- 1 Tasse Selleriewürfel
- 2 Tassen Weißkohl-Stücke
- 1 Tasse Lauchringe
- 1 Liter Brühe
- 250 g Kartoffeln
- evtl. Saucenbinder
- 1 TL Kümmel
- 1 TL Thymian
- 1 Msp. Muskat
- Pfeffer und Salz
- 1 EL Petersilie

Das Fleisch in gulaschgroße Würfel schneiden und in etwas Öl rundum kräftig anbraten. Schneiden Sie die Zwiebeln in grobe Ringe und zerdrücken Sie den Knoblauch. Die Karotten und den Lauch in Ringe schneiden, den Sellerie würfeln. Geben Sie das Gemüse zum Fleisch und braten Sie es mit an. Den Weißkohl in Stücke schneiden und ebenfalls dazu geben. Die Brühe angießen und 1–1½ Stunden köcheln lassen, bis das Fleisch gar ist.

Die Kartoffeln schälen, würfeln und in etwa 15 Minuten im Stew garkochen. Die Kartoffeln binden den Stew und je nach Sorte bleibt er flüssiger oder wird sämiger. Ist Ihnen der Stew zu flüssig, geben Sie noch etwas Saucenbinder hinzu. Mit Kümmel, Thymian und Maskat würzen und mit Pfeffer und Salz abschmecken. Vor dem Servieren mit etwas gehackter Petersilie bestreuen.

TIPP
Hervorragend geeignet zur Zubereitung in einem 12 Zoll Dutch Oven!

ERBSENSUPPE

TIPP
Schmecken Sie die Suppe mit scharfem Senf ab!

Eine vernünftige Erbsensuppe braucht Zeit und die richtigen Zutaten. Dann ist sie aber auch unschlagbar, wenn es darum geht, an einem kalten Regentag draußen am Lagerfeuer durchgefrorene Gestalten wieder aufzuwärmen.

ZUTATEN:

- 750 g Erbsen (getrocknet)
- 1 kg Schweinenacken oder Kasslerkotteletts
- 250 g Rippenspeck
- 5 Zwiebeln
- 2 Tassen Lauchringe
- 1 Tasse Selleriewürfel
- 1 Tasse Karottenscheiben
- Pfeffer und Salz

Die Erbsen über Nacht einweichen.

In einem Dutch Oven oder Kessel etwas Fett erhitzen und den in Würfel geschnittenen Rippenspeck zusammen mit den gewürfelten Zwiebeln anbraten.

Den Lauch und die Karotten in Ringe schneiden, den Sellerie und den Schweinenacken würfeln. Zusammen mit den Erbsen und dem Einweichwasser zum Speck hinzugeben und evtl. mit etwas Wasser auffüllen.

Mindestens eine, besser zwei Stunden köcheln lassen, dann mit Pfeffer und Salz abschmecken und noch eine Viertelstunde weiterköcheln lassen.

Eine gute Erbsensuppe lässt sich mit der Gabel essen, geben Sie also nicht zu viel Wasser hinzu.

TIPP
Gelbe geschälte Erbsen weichen schneller durch, sind aber etwas teurer.

CHEESEBURGERSUPPE

ZUTATEN FÜR 4 PORTIONEN:

- 500 g Hackfleisch, Rind oder halb und halb
- 1 Zwiebel
- 1 Stange Lauch
- 1 Liter Fleischbrühe
- 250 g Champignons
- 120 g Schmelzkäse
- 1–2 EL Mehl, zum Binden
- Pfeffer und Salz
- Cayennepfeffer

Braten Sie das Hackfleisch in etwas Öl an, bis es gut gebräunt ist. Dann geben Sie die Zwiebelringe und den in feine Halbringe geschnittenen Lauch hinzu. Alles mit 1–2 Esslöffeln Mehl bestäuben und mit der Brühe auffüllen. Zehn Minuten köcheln lassen.

In der Zwischenzeit die in Scheiben geschnittenen Champignons in einer Pfanne anbraten, zu der Suppe geben und fünf Minuten mitköcheln lassen. Geben Sie den Käse zum Schmelzen in die Suppe und schmecken Sie herzhaft mit Salz, Pfeffer und Cayenne ab.

FLEISCH

KASSLER MIT SAUERKRAUT UND KARTOFFELPÜREE

Einfach ein paar Scheiben Kassler auf den Teller zu bringen, ist eine Sache, aber ein Mittagessen mit drei Komponenten daraus zu zaubern, etwas ganz anderes.

ZUTATEN PRO PORTION:

- 2 Scheiben Kassler
- 1 kleine Dose Sauerkraut (Minutenkraut)
- Kartoffelpüree aus der Tüte
- 1 kleine Zwiebel

Zuerst setzen Sie das Wasser für das Kartoffelpüree auf. Wenn das Wasser kocht, bereiten Sie das Püree nach Anweisung zu und stellen es abgedeckt zur Seite, damit es warm bleibt.

Parallel dazu erhitzen Sie eine große Pfanne und braten darin das Kassler an, geben die Zwiebelringe hinzu und an einer anderen Stelle der Pfanne das Sauerkraut. Die drei Komponenten sollten sich nicht vermischen.

Sobald das Fleisch gar, die Zwiebeln glasig und das Sauerkraut heiß ist, können Sie anrichten. Rustikal heißt, die Pfanne so auf den Tisch zu stellen. Ansonsten bekommt jeder einen Schlag Kartoffelpüree auf den Teller, auf das Püree einige der Zwiebeln, daneben das Sauerkraut und das Kassler.

TIPP

Dieses Gericht schmeckt auch hervorragend mit Bratwurst! Dazu einfach 2 grobe Bratwürste oder 6 Nürnberger grillen oder in der Pfanne braten.

HAMBURGER

Der absolute König des Fast Food!

DAS FLEISCH:

Ein echtes Hamburger-Patty besteht ausschließlich aus Rindfleisch und Rinderfett. Das Patty sollte roh etwas größer sein als das Brötchen, denn es zieht sich beim Grillen zusammen. Wenn Sie mit dem Daumen eine Vertiefung in die Mitte des Pattys drücken, dann bekommt es beim Erhitzen keine Beule und bleibt schön flach.

DAS BRÖTCHEN:

Als Brötchen eignen sich nicht nur die plastikverpackten Fertigbrötchen. Wenn man sich bei der Befüllung etwas zurückhält, können auch echte Bäckerbrötchen mit knuspriger Kruste eine leckere Alternative sein. Oder Fladen- oder Pitabrot, in Tortenstücke aufgeschnitten. Rösten Sie die Schnittflächen vor dem Belegen, damit das Brötchen etwas „Stand" bekommt.

DER KÄSE:

Seien Sie auch bei der Wahl des Käses fantasievoll, es muss ja nicht immer der orange-gelbe Cheddar sein. Roquefort oder Greyerzer oder ein Stück Gouda vom Frühstückstisch geben dem Hamburger eine ganz besondere Note. Geben Sie den Käse direkt auf das heiße Fleisch, damit der Käse schön zerläuft.

TOMATE:

Schneiden Sie eine große Fleischtomate in dünne Scheiben. So lässt sich der Burger viel leichter essen, als mit vielen kleinen Tomatenscheiben, die überall herausrutschen.

ZWIEBELN:

Nehmen Sie eine möglichst große Zwiebel und schneiden Sie sie in sehr dünne Scheiben. Besonders gut geht das mit einem Gemüsehobel. Sie können die Zwiebeln entweder glasig gedünstet oder roh auf den Burger geben, ganz nach persönlichem Geschmack.

GURKEN:

Auf einen richtig guten Burger gehören auch einige Scheiben Gurke. Aber nicht jeder mag Essig- oder Salzgurken. Eingelegte Gewürzgurken schmecken auch.

SALAT:

Grundsätzlich können Sie jede Art Salat verwenden. Besonders lecker ist aber Eisbergsalat mit einer knackigen Struktur.

BACON:

Zwei bis drei Scheiben Frühstücksspeck werden auf dem Grill kross gebraten und kommen mit auf den Burger. Achten Sie darauf, dass der Speck über der Flamme viel Fett verliert und es so auf dem Grill zu Flammen kommen kann.

SAUCEN:

Ketchup ist ein Muss, aber es geht auch eine gute Steak-Sauce. Zusätzlich Mayonnaise oder spezielle Hamburger-Sauce. Geben Sie die helle Sauce auf die Unterseite des Brötchens und die rote Sauce auf die Oberseite

TIPP

In Amerika werden die Hamburger in Restaurants offen serviert, d.h. der Deckel liegt daneben. So kann man den tollen Inhalt besser bestaunen und nach Herz und Laune Saucen ergänzen.

Ein Gericht mit drei oder vier Komponenten auf nur zwei Flammen zuzubereiten, das ist es, worum es bei der Campingküche wirklich geht. Ein einfaches Gericht zum Üben ist Schnitzel mit Gemüse, Kartoffeln und Sauce Hollandaise oder Sauce Béarnaise. Der Trick liegt in der richtigen Reihenfolge: Kochen Sie auf der einen Flamme die Kartoffeln gar, auf der anderen Flamme das Gemüse. Beide Töpfe kommen dann zum Warmhalten in eine Thermobox. Dann sind die beiden Flammen wieder frei, um die Schnitzel zu braten und die Sauce Hollandaise zu machen. Zum Servieren geben Sie die Kartoffeln auf den Tisch, das Gemüse auf die Teller und die frisch gebratenen Schnitzel mit der Sauce Hollandaise über das Gemüse. Das Bratfett können Sie über die Kartoffeln geben. Kalte Schnitzel sind immer ein guter Snack für zwischendurch, fürs Picknick oder als zweites Frühstück als Schnitzel im Brötchen.

SCHNITZEL MIT KARTOFFELN UND GEMÜSE

ZUTATEN PRO PORTION:

- 300 g Schnitzelfleisch (Oberschale oder Rücken)
- Eier zum Panieren
- Mehl
- Paniermehl
- Pfeffer und Salz
- Butterschmalz zum Braten
- Salzkartoffeln
- Gemüse nach Geschmack (Erbsen und Karotten aus der Dose)
- Sauce Hollandaise oder Béarnaise aus dem Tetra-Pack

Gute Schnitzel zu braten ist eigentlich einfach, man sollte sich aber den Arbeitsplatz – gerade bei eingeschränkten Möglichkeiten wie im Wohnwagen – sauber vorbereiten. Zunächst klopfen Sie die Schnitzel schön flach. Im Urlaub können Sie dazu auch mal einen Topf mit Stiel oder eine Pfanne verwenden.

Dann bereiten Sie eine Panierstraße vor, die direkt neben der Pfanne endet, um nicht den ganzen Tisch vollzukleckern. Beginnen Sie rechts außen mit dem Teller mit den geklopften Schnitzeln. Dann kommt ein Teller mit Mehl, dann einer mit den geschlagenen Eiern und zum Schluss der Teller mit dem Paniermehl. In der Pfanne sollten Sie nicht zu sparsam Butterschmalz erhitzen. Dann nehmen Sie das erste Schnitzel und bemehlen es von allen Seiten. Dann wenden Sie es im Ei und dann im Paniermehl. So kommt es dann in die Pfanne und Sie wiederholen den Vorgang mit den restlichen Schnitzeln.

Braten Sie die Schnitzel von beiden Seiten goldbraun. Geben Sie sie dann entweder sofort auf die Teller und zu Tisch oder Sie lagern sie im Backofen – so Sie denn einen haben – bei 100 °C zwischen.

Die Salzkartoffeln kochen Sie auf einer Flamme, Sie können sie anschließend gut warmhalten.
Die Erbsen und Karotten geben Sie mit der Flüssigkeit aus der Dose in einen Topf und geben etwas Brühpulver dazu. Erhitzen Sie das Gemüse. Die Sauce Béarnaise erhitzen Sie entweder in der Mikrowelle oder in einem kleinen Topf.

Zum Servieren geben Sie die Schnitzel, das Gemüse und die Kartoffeln auf einen Teller und darüber die Sauce Béarnaise.

BRATEN IM TOPF

Viele Menschen wünschen sich einen schönen Sonntagsbraten, der eigentlich nur mit einem Backofen richtig herzustellen ist. Doch auf dem Campingplatz geht das auch mit dem Dutch Oven hervorragend und zur Not in einem Bräter auf dem Gaskocher oder im Kugelgrill.

ZUTATEN FÜR VIER PORTIONEN:

- 1,2–1,5 kg Hochrippe vom Rind
- 4 große Zwiebeln
- 1 Bund Suppengrün
- einige getrocknete Tomaten
- Gulasch- oder Chili-con-Carne-Gewürz
- Saucenbinder

Würzen Sie den Braten von allen Seiten. Schneiden Sie das Suppengrün und die Zwiebeln in grobe Stücke. Erhitzen Sie etwas Fett oder Öl in einem Topf und braten Sie in aller Ruhe den Braten von allen Seiten an. Das kann auch mal 15 Minuten oder mehr in Anspruch nehmen. Braten Sie dann auch das Gemüse und die Zwiebeln mit an, löschen Sie mit einer Tasse Wasser ab und schließen Sie den Deckel. Der Dutch Oven wird dann mit wenig Ober- und Unterhitze wenigstens 3 Stunden beheizt. Ein Bräter sollte bei 180 °C ebenfalls 3 Stunden im Kugelgrill bleiben. Auf dem Gaskocher kann dieser Braten auch zubereitet werden, ebenfalls in 3 Stunden, aber mit etwas mehr Wasser, er sollte zur Hälfte bedeckt sein und nur ganz leise simmern.

Nach 3 Stunden testen Sie, ob das Fleisch wirklich weich ist, und nehmen den Braten dann heraus und halten ihn warm. Gießen Sie den Bratensatz aus dem Topf und durch ein Sieb wieder zurück. Jetzt dicken Sie die Sauce an und schmecken sie noch einmal ab. Zum Schluss geben Sie den in Scheiben geschnittenen Braten zurück in die Sauce.

TIPP

Mit Klößen oder Spätzle und Rotkohl ist das ein richtiges Sonntagsessen.

FILET BÉARNAISE

Ein hervorragendes Gericht für eine Gruppe, das Sie in einer großen Pfanne herstellen können, und das sich leicht strecken lässt.

ZUTATEN PRO PORTION:

300 g Schweinefilet
1 kleine Zwiebel
5 frische Champignons
½ TL grüner Pfeffer,
ohne die Lake
100 ml Sauce Béarnaise

Das Schweinefilet in mundgerechte Stücke schneiden und in etwas Butterschmalz in einer großen Pfanne anbraten. Die gewürfelte Zwiebel, die in Scheiben geschnittenen Champignons und die Pfefferkörner hinzugeben und braten, bis die Flüssigkeit verdampft und das Fleisch gar ist. Mit der Sauce ablöschen und evtl. etwas Wasser hinzugeben, um der Sauce die richtige Konsistenz zu geben.

1.

2.

3.

4.

TIPP

Als Beilage gibt es frisches Weißbrot oder Kartoffelecken oder Rösti aus dem Backofen.

Heute gibt es Nackensteaks – aber richtig!

MARINIERTE NACKENSTEAKS

Die liebste Beladung für den deutschen Camping-Grill neben der Bratwurst sind Nackensteaks vom Schwein. Fertig gewürzt in einer lumineszierenden roten oder grünen Öl-Marinade warten sie vakuumverpackt in der SB-Kühltheke beim Discounter auf ihren Einsatz. Ich möchte mir nicht vorstellen, wie diese Tiere gelebt haben oder gestorben sind und wie viele Tage seit dem Schlachten schon vergangen sind. Oftmals werden diese Steaks auch aus aufgetautem Fleisch gemacht, was die Haltbarkeit und Qualität weiter heruntersetzt. Dabei ist es so einfach, leckere Nackensteaks selbst zuzuschneiden: Kaufen Sie Schweinenacken am Stück und schneiden Sie die Scheiben gut daumendick. Dann werden diese einige Stunde oder über Nacht mariniert oder nur mit Grillgewürz eingerieben. Ein Schweinenacken wiegt etwa 2,5 kg und ergibt zehn bis zwölf Scheiben. Sollten Ihnen die Scheiben zu schwer sein, dann schneiden Sie auf keinen Fall dünner, sondern teilen Sie die Scheiben in der Mitte. Zu dünne Scheiben werden trocken.

ZUTATEN PRO PORTION:

2 Scheiben Schweinenacken

FÜR DIE MARINADE:

Pfeffer, Salz, Piment,
Kümmel, Paprika,
½ Zwiebel
½ Tasse Öl
(Kein Olivenöl, das wird im Kühlschrank hart)

Würzen Sie die Scheiben großzügig mit den Gewürzen und schichten Sie dann die Scheiben mit den Zwiebelringen in eine Schüssel und übergießen Sie das Ganze mit dem Öl. Nach 1–2 Tagen im Kühlschrank – mit ständigem Umschichten – sind die Steaks hervorragend durchgezogen. Nehmen Sie die Steaks aus der Marinade, lassen Sie diese etwas abtropfen und grillen Sie die Steaks auf einem heißen Grill. Die Steaks sollten gut durch sein, aber nicht hart und trocken.

THÜRINGER ROSTBRÄTEL

ZUTATEN PRO PORTION:

1 Scheibe Schweinenacken
½ Zwiebel
½ Knoblauchzehe
½ TL Senf
helles Bier
Pfeffer und Salz

Den Schweinenacken pfeffern und salzen und mit dem Senf einreiben. Die Zwiebel und den Knoblauch in grobe Scheiben schneiden und zur Hälfte in eine Schüssel geben. Das Fleisch darüber legen und mit den restlichen Zwiebeln und dem Knoblauch abdecken. Zum Schluss geben Sie so viel helles Bier in die Schüssel, dass die Steaks knapp bedeckt sind. 1–2 Tage im Kühlschrank durchziehen lassen.

Zum Grillen nehmen Sie die Rostbrätel aus der Marinade und kratzen die Zwiebeln ab. Nicht abspülen, sondern nur etwas trockentupfen. Grillen Sie die Rostbrätel auf nicht zu starker Hitze, bis sie gut durch sind. Auf einer freien Stelle auf dem Grill schwitzen Sie die abgetropften Zwiebeln mit etwas Butter in einer Pfanne an und geben diese über die Rostbrätel. Als Beilage eignet sich Kartoffelsalat oder Brot.

SCHWENKER

Im Saarland fertigt man aus dem Schweinenacken die als Schwenker bekannten Schweinesteaks. Als „Schwenker" bezeichnet man den Griller, das Stück Fleisch und den aufgehängten Grillrost.

ZUTATEN PRO SCHWENKER:

1 Scheibe Schweinenacken, 250–300 g
½ Zwiebel
1 Knoblauchzehe
½ Tasse Öl
Gewürze nach Geschmack:
Senf, Pfeffer, Thymian, Oregano,
Curry, Paprika, Cayennepfeffer,
Wacholderbeeren

Die Zwiebel grob kleinschneiden, den Knoblauch und die Wacholderbeeren zerdrücken. Mit den übrigen Gewürzen und dem Öl mischen und gut verrühren. Die Nackensteaks mit der Marinade einreiben, mit etwas Öl übergießen und 1–2 Tage abgedeckt im Kühlschrank ziehen lassen.

Zum Schwenken (nicht Grillen) wird der Schwenker (der Grillrost an einer Kette) mit dem Schwenker (das Stück Fleisch) vom Schwenker (dem Kerl mit der Grillzange) durch die Flammen des Buchenholzfeuers geschwenkt. Nach wenigstens 30 Minuten sollte der Schwenker durchgegart sein.

SCHASCHLIK

Schaschlik ist die traditionelle kaukasische Art der Fleischzubereitung. Wichtig ist ein sehr heißer Grill, der im Russischen auch als Mangal bezeichnet wird. Bei den Spießen sollten Sie auf flache Metallspieße achten, die dünnen Holzstäbchen brennen gleich durch.

ZUTATEN PRO PORTION:

- 250 g Schweinenacken, Lamm oder Rind
- 1 große Zwiebel
- 1 Knoblauchzehe
- Pfeffer, Salz, Piment
- Mineralwasser mit viel Kohlensäure

Am Vorabend schneiden Sie das Fleisch in mundgerechte Stücke und würzen es kräftig mit Pfeffer, Salz und Piment. Dann geben Sie es mit der in grobe Ringe geschnittenen Zwiebel und der gepressten Knoblauchzehe in einen Plastik-Zippbeutel und übergießen das Fleisch mit etwas Mineralwasser. Schließen Sie den Beutel und geben Sie das Fleisch über Nacht in den Kühlschrank.

Etwa zwei Stunden vor dem Grillen nehmen Sie das Fleisch aus der Marinade und spießen es auf die Spieße. Auf einem russischen Mangal-Grill werden die Spieße direkt über die Glut gelegt, der Rand des Grills ist die Auflage, er besitzt keinen Rost. Daher werden die Spieße auch nicht komplett mit Fleisch bestückt, sondern es bleibt vorne und hinten eine Handbreit frei, auf der der Spieß aufliegt. Sie können die Spieße aber natürlich auch auf einem herkömmlichen Grill garen.

Abwandlung: Sie können auch Stücke von Räucherspeck, Paprika und Zwiebeln abwechselnd mit dem marinierten Fleisch aufspießen.

BUNTE GRILLPLATTE

Um das Grillen etwas abwechslungsreicher zu gestalten, können Sie eine bunte Grillplatte vorbereiten. Zu den verschiedenen Sorten Fleisch gibt es buntes Gemüse.

ZUTATEN:

- Diverse Fleisch- und Wurstsorten
- Junge Lauchzwiebeln
- Paprikaschoten
- Zwiebeln
- Mini-Kartoffeln
- 1 Knoblauchknolle
- Maiskolben
- Als Beilage Baguette und Salate

Die verschiedenen Fleisch- und Wurstsorten etwa zwei Stunden vor dem Grillen aus dem Kühlschrank nehmen, damit sie Umgebungstemperatur annehmen, dann in der direkten Grillzone grillen.

Die Paprika legen Sie direkt auf die Glut, bis sie rundum schwarz ist. Dann kurz in Wasser tauchen und die verkohlte Haut abreiben. Darunter kommt eine rote Paprikaschote mit einem unvergleichlichen Aroma zum Vorschein. Schneiden Sie die Schote in Streifen, würzen Sie sie mit Pfeffer und Salz und übergießen Sie das Ganze mit einem guten Olivenöl.

Den Knoblauch ungeschält etwa zwei Stunden wässern, dann auf den Grill legen. Nach einer halben Stunde sollte das Innere butterweich sein. Diesen Knoblauch evtl. mit etwas Butter auf dem Baguette verstreichen.

Die Frühlingszwiebeln werden gegrillt, bis sie außen schwarz sind. Dann zieht man die äußere schwarze Schicht ab und kann die weiche Frühlingszwiebel genießen.

Für die Zwiebeln im Ganzen wählen Sie nicht zu große normale Zwiebeln mit möglichst vielen unbeschädigten Häuten aus. Diese legen Sie einfach für eine halbe bis dreiviertel Stunde auf den Grill, bis sie bis in die Mitte weich sind. Zum Essen setzen Sie die Zwiebel auf die Wurzel und reißen oben den Zipfel auseinander. Dabei entfernen Sie die verkohlten Häute und zum Vorschein kommt das weiche, leicht süßliche und überhaupt nicht mehr scharfe Zwiebelfleisch.

Kochen Sie kleine, pflaumengroße Kartoffeln knapp gar und spießen Sie diese auf einen Holzspieß. Dann beträufeln Sie die Kartoffeln mit Olivenöl, geben grobes Salz und Rosmarin dazu und grillen die Spieße knusprig.

Für gegrillte Maiskolben verwenden Sie die bereits gegarten Maiskolben, die in Vakuumverpackungen in den Gemüseabteilungen der Supermärkte angeboten werden. Diese werden auf dem Grill so weit gegrillt, dass sie heiß sind und ein Brandmuster zeigen. Zum Essen stechen Sie zwei Gabeln rechts und links in die Enden. Dann nur noch mit etwas Kräuterbutter bestreichen und abknabbern.

PFANNENGYROS

Gyros geht immer, besonders wenn man es als Gyros Pita im Fladenbrot serviert.

ZUTATEN FÜR 4 PORTIONEN:

- 1 kg Schweinefleisch (Schnitzel oder Filet)
- 5 Zwiebeln
- 5 EL Öl
- 2 Knoblauchzehen
- 1 EL Gyrosgewürz
- 1 EL Paprika
- 1 TL Curry

Das Fleisch in Gyros-typische Streifen schneiden. Die Zwiebeln in Ringe schneiden und einige Ringe für die Deko zurückbehalten. Das Fleisch mit den Gewürzen und den durchgedrückten Knoblauchzehen bestreuen, mit dem Öl übergießen und mindestens eine Stunde im Kühlschrank durchziehen lassen, besser über Nacht.

Nach dem Marinieren das Gyros in einer Pfanne kräftig anbraten. Serviert wird Gyros mit Zaziki, Krautsalat, Reis oder Pommes frites, bestreut mit Zwiebelringen und Petersilie. Sie können auch ein halbes Pitabrot aufschneiden, Krautsalat und Gyros hineingeben und mit Zaziki und Zwiebelringen vervollständigen.

CHILI CON CARNE

Ein schönes Chili ist ein Partyessen, wie es im Buche steht. Scharf, pikant, günstig, studententauglich – und schmeckt aufgewärmt noch besser. Bei Chili gibt es verschiedene Sichtweisen, die einen meinen, ohne Bohnen geht es gar nicht, die Texaner lieben es mit Fleisch in Gulaschgröße, völlig ohne Bohnen, abgeschmeckt mit Zartbitterschokolade. Und Halbstarke machen sich einen Spaß daraus, es so scharf zu machen, dass es 99 % der Partybesucher nicht essen können. Aber auch auf dem Campingplatz ist Chili immer ein Genuss – vielleicht sogar mit etwas Sauerrahm und Streuselkäse?

ZUTATEN FÜR 4 PORTION:

(Hier gilt: Man nehme, was man hat!)

- 500 g Hackfleisch, halb und halb
- 1 große Dose Kidneybohnen
- 1 kleine Dose Baked beans mit Flüssigkeit
- 1 kleine Dose Chili-Bohnen mit Flüssigkeit
- je 1 rote, grüne und gelbe Paprika
- 1 kleine Dose Mais
- 1 große Dose geschälte Tomaten
- 2 EL Tomatenmark
- 2 große Zwiebeln
- 2 Knoblauchzehen
- Pfeffer, Salz, Zucker
- Gewürze nach Geschmack

Braten Sie zunächst das Fleisch kräftig an. Kurz bevor es fertig ist, schieben Sie es etwas zur Seite und braten das Tomatenmark ebenfalls an. Dann kommen die gewürfelten Zwiebeln und der Knoblauch dazu und werden ebenfalls kräftig angebraten. Als letztes werden die gewürfelten Paprikaschoten angebraten. Abgelöscht wird mit den geschälten Tomaten und den Bohnen. Nach einiger Zeit, wenn die Bohnen heiß sind und das Gemüse noch Biss hat, kommt der Mais dazu. Er soll nur noch aufgewärmt werden und schön knackig bleiben.

Serviert wird das Chili mit einem Löffel Sauerrahm, Zwiebelringen, etwas Käseraspeln (würziger Cheddar) und einer eingelegten Peperoni.

Ein Chili ist nie extrem scharf, damit jeder Gast und auch Kinder es essen können. Stellen Sie für die Unverbesserlichen eine Flasche Chilisauce wie Tabasco auf den Tisch, dann kann sich jeder sein Essen selbst verderben.

FRIKADELLEN

Wer kennt nicht die Party-Speise schlechthin: Frikadellen, Fleischpflanzerl, Buletten oder Fleischlaberl! So vielfältig wie ihre Bezeichnung sind auch die Rezepte. Gemeinsam ist ihnen jedoch: Hackfleisch ist günstig und Frikadellen sind schnell gemacht. Und sie haben noch einen weiteren Vorteil: Mittags gemacht hat man ein Mittagessen (mit Kartoffelpüree und Erbsen und Möhren aus der Dose) und die restlichen (die schon beim Einkauf mit eingeplant sind) halten sich einige Zeit im Kühlschrank und schmecken dann abends bei der Skatrunde zum Bier ausgezeichnet. Oder sie wandern in den Picknick-Korb. Auch als zweites Frühstück im frischen Brötchen mit Remoulade unten und Senf obendrauf als Frikadellen-Brötchen ist ein Genuss. Machen Sie die Frikadellen für die Brötchen nicht zu dick, lieber etwas größer und flacher. In der Mitte drücken Sie noch eine Delle hinein, weil sich die Mitte sonst nach oben wölbt und die Frikadelle nicht so schön flach bleibt, wie sie das in einem Brötchen sein sollte. Beim ersten Biss in das Brötchen möchte man schon ordentlich Frikadelle im Mund haben, und nicht erst das Brötchen essen und beim letzten Bissen dann einen großen Brocken Frikadelle. Sollten die Frikadellen doch zu dick geworden sein, dann schneiden Sie diese schräg zwei- oder dreimal durch und ziehen so die Frikadelle etwas auseinander und flachen Sie dadurch ab.

ZUTATEN FÜR 8 BIS 12 STÜCK:

- 500 g Hackfleisch
- 1 Zwiebel
- 1 altbackenes Brötchen
- 2 Eier
- 1 EL Senf
- Pfeffer und Salz
- Chili nach Geschmack
- etwas Milch zum Einweichen des Brötchens
- Paniermehl

Weichen Sie das Brötchen in etwas Milch oder Wasser ein, dann drücken Sie es aus. Zu dem Hackfleisch geben Sie die gehackte Zwiebel, das ausgedrückte Brötchen, den Senf und die Eier. Dann würzen Sie herzhaft mit Pfeffer und Salz, ggfs. Chili. Kneten Sie die Masse mit den Händen, bis sich eine Bindung einstellt, dann formen Sie mit nassen Händen Frikadellen, in die Mitte drücken Sie noch eine leichte Delle. Die Frikadellen werden dann leicht paniert und in Butterschmalz oder einem anderem Fett ausgebraten.

KESSELFLEISCH/ SAUERFLEISCH

Eine Besonderheit der Campingküche ist ja, mit wenigen Zutaten auszukommen und auch die Reste sinnvoll zu verwerten. Niemand möchte im Urlaub seine Zeit in der Enge einer Wohnwagenküche verbringen. Genau dafür ist gekochtes Bauchfleisch vom Schwein ideal. Zuerst kochen Sie ein großes Stück als Kesselfleisch, dann lassen Sie das Fleisch erkalten und übergießen es mit einem Teil der Brühe und Gelatine als Sauerfleisch. Die Brühe reichern Sie mit Gemüse und Nudeln an, sodass Sie noch eine Suppe daraus zaubern können.

ZUTATEN:

Schweinebauch im Stück,
pro Person 300 g
Zwiebeln
Suppengemüse
einige Wacholderbeeren,
Pfefferkörner,
Lorbeerblätter,
Pimentkörner
pro Liter Kochwasser
20 g Salz

Erhitzen Sie den Topf trocken und legen Sie eine oder zwei halbe Zwiebeln mit der Schnittfläche auf den Boden, bis sich die Schnittfläche schwarz verfärbt, löschen Sie dann mit Wasser ab, geben Sie das Fleisch hinein und würzen Sie mit Salz, Pfeffer, Lorbeer, Piment und Wacholder. Wer mag, kann auch Suppengemüse dazugeben, besonders, wenn hinterher die Brühe noch weiterverarbeitet werden soll. Das Fleisch muss etwa 1 ¼–1 ½ Stunden kochen und soll schön weich sein. Das Kesselfleisch isst man heiß als zweites Frühstück mit Salz und Pfeffer, Senf, Meerrettich und Maggi, dazu gibt es ein Bauernbrot mit Butter.

Das restliche Fleisch lassen Sie auskühlen und schneiden es in Scheiben. Diese Scheiben werden in eine Schüssel gelegt. Nehmen Sie von der entfetteten Brühe etwas ab und lassen Sie Gelatine nach Anweisung ausquellen. Wer das Rezept zum ersten Mal kocht, der sollte die Schüssel auslitern, damit die Gelatine auch reicht.
Schmecken Sie die Brühe mit Pfeffer und Salz, Maggi und reichlich Essig und Zucker pikant-süßsauer ab. Übergießen Sie das Fleisch in der Schüssel mit der Gelatine-Brühe, es sollte vollständig bedeckt sein. Nach einer Nacht im Kühlschrank ist das Sauerfleisch fest und kann verzehrt werden. Dazu gibt es traditionell Bratkartoffeln und Remouladensauce.

Die Brühe können Sie mit verschiedenen Einlagen aufpeppen. Beispielsweise mit in feine Streifen geschnittenem Gemüse wie Lauch und Karotten, oder mit Eierstich und Klößen oder dem aus dem Darm gedrückten Brät grober Bratwürste.

SPANISCH FRICCO

ZUTATEN FÜR 4 PORTIONEN:

1 kg rohe Kartoffeln
300 g Rind- oder Schweinefleisch
250 g Zwiebeln
1 EL Butter
1 Becher Sahne
Pfeffer und Salz,
wer mag auch
Kräuter der Provence

Einen Topf oder einen 12-Zoll-Dutch-Oven mit der Butter ausstreichen. Die Kartoffeln in dünne Scheiben schneiden, das Fleisch würfeln und die Zwiebeln in Ringe schneiden. Die Zutaten abwechselnd in den Topf schichten, erst eine Lage Kartoffeln, dann Fleisch und dann Zwiebeln. Jede Lage mit Salz, Pfeffer und den Kräutern würzen. Mehrere Lagen in den Topf schichten und mit einer Lage Kartoffeln abschließen. Etwa ½ Liter heißes Wasser mit der Sahne mischen und in den Topf füllen. Bei geringer Hitze mindestens zwei Stunden garen, länger schadet auch nicht. Das Gericht mit Gewürzgurken servieren.

LEBER BERLINER ART

Ein Traditionsgericht, das wegen der wenigen Zutaten und Kochutensilien wie geschaffen ist für den Campingplatz.

ZUTATEN:

Leberscheiben
Zwiebelringe
Apfelscheiben (Boskoop)
Pfeffer und Salz
Mehl
Milch oder Buttermilch
Kartoffelpüree

Schneiden Sie die Leber in Scheiben und legen Sie sie einige Stunden in Milch oder Buttermilch. Wer den Lebergeschmack mag, kann darauf auch verzichten. Anschließend abtupfen und in etwas Mehl wälzen. Braten Sie die Leber in etwas Butterschmalz und geben Sie zum Schluss die Apfelscheiben und Zwiebelringe hinzu.

Nach dem Braten pfeffern und salzen Sie die Leber großzügig und servieren sie mit dem Kartoffelpüree, den Apfelscheiben und den Zwiebelringen. Wer auf eine süße Komponente steht, der kann auch Preiselbeergelee dazu reichen.

Bratwurst-Geschnetzeltes

Ein hervorragendes Reste-Essen nach einer Grillfeier, in dem die übrig gebliebenen Bratwürstchen – gegrillt oder nicht – Verwendung finden.

ZUTATEN FÜR 4 PORTIONEN:

- 6 Bratwürste
- 100 g Speck
- 4 große Zwiebeln
- 1 Knoblauchzehe
- Saucenbinder nach Bedarf
- Pürierte Tomaten
- 1 EL Tomatenmark
- Gulasch-Gewürz
- Pfeffer und Salz
- Zucker

Da es sich um ein Resteessen handelt, können auch die Reste von Paprikaschoten oder Mais mit in den Topf.

Die in Scheiben geschnittenen Bratwürste zusammen mit dem gewürfelten Speck anbraten, die gewürfelten Zwiebeln und den Knoblauch hinzugeben und ebenfalls anbraten. Etwas Platz auf dem Pfannenboden schaffen und das Tomatenmark mit anbraten. Dann mit dem Tomatenpüree ablöschen und herzhaft abschmecken. Ist das Ganze zu flüssig geraten, mit etwas Saucenbinder andicken.

Dazu gibt es Nudeln oder Knödel.

TIPP

Die Brühe kann mit Asia-Nudeln als Mitternachtssuppe noch aufgepeppt werden.

FONDUE

Immer das ewig Gleiche Grillen? Geselliges Essen geht auch anders. Stellen Sie in einer Feuerschale auf die Erde einen Topf mit Frittierfett oder Brühe auf reichlich Kohlen. Sie können auch mit Feuer arbeiten, das ist aber gerade beim Fondue mit Fett besonders gefährlich. Wichtig ist eine vernünftige Standfestigkeit, nicht dass mitten im Geschehen der Topf umkippt. Gusseisen ist hier das Material der Wahl. So etwas kann man auch mit Wasser im Topf im Vorfeld ohne Feuer testen – einfach füllen und von allen Seiten Gabeln reinstecken, um zu prüfen, ob die Konstruktion fest steht. Als Gabeln nehmen Sie einfache Besteckgabeln und binden diese an Haselnussstecken. So können diese auf die richtige Länge gebracht werden. Nehmen Sie aber keine Besenstiele, denn die Stecken sollten sehr leicht sein, sonst fällt die Konstruktion aus dem Topf

ZUTATEN PRO PERSON:

300–500 g Fleisch
(Rinderfilet, Schweinefilet,
Putenbrust, Hähnchenbrust,
Lamm-Lachse)

BEILAGEN:

Baguette
diverse Saucen und Dips
Mixed Pickles
Gurken
Silberzwiebeln
Pellkartoffeln
Champignons
verschiedene Buttersorten

Setzen sie sich mit Ihren Gästen gemütlich um das Feuer und den Topf mit der Brühe. Zwischen zwei Stühle stellen Sie jeweils kleine Kisten oder Tische mit dem Fleisch, den Beilagen und den Saucen. Jeder nimmt sich an Fleisch, was er mag, spießt das auf seine Gabel und gart es in der Mitte im Topf. Dann ziehen Sie die Gabel heraus, tunken das Fleisch in eine Sauce und stecken es einfach in den Mund. Die Zeit, bis das nächste Stück Fleisch gar ist, vertreibt man sich mit Gesprächen und Getränken oder mit Beilagen und Brot.

Beim Fondue ist die Resteverwertung denkbar einfach. Sie spießen das restliche Fleisch mit Speck und Zwiebelstücken auf Saschlikspieße und grillen sie am nächsten Tag mit auf.

FETT ODER BRÜHE?

Beim Fondue gibt es zwei Philosophien: Fett oder Brühe. Fett wird heißer, spritzt aber und ist unglaublich feuergefährlich, gerade beim Erhitzen auf dem offenen Feuer. Halten Sie daher immer einen Deckel für den Topf bereit. Eine Löschdecke ist ohnehin eine gute Idee in einem Camper, der mit Gas geheizt wird. Außerdem ist Fett wesentlich teurer und schlecht zu entsorgen. Brühe kostet zwei Brühwürfel, ist hinterher noch gehaltvoller und kann an den nächsten Tagen verbraucht werden. Außerdem spritzt und brennt sie nicht. Und um Rinderfilet innen „Medium“ zu garen, reichen 100 °C locker aus. Dafür wird das Fleisch im Fett aber knuspriger.

GEFLÜGEL

ENTE VOM GRILL

Beim Grillen kommt Entenfleisch eigentlich immer zu kurz. Dabei ist eine ganze Ente im Kugelgrill eine sehr einfache Sache.

ZUTATEN:

- 1 Ente, ca. 2,4 kg
- 2 Zwiebeln
- 1 säuerlicher Apfel
- Gewürze nach Geschmack (Thymian, Majoran, Beifuß, Rosmarin)
- Pfeffer und Salz

Waschen Sie die Ente und entfernen Sie ggfs. Federreste. Dann schneiden Sie die überschüssige Haut am Hals ab. Um den Vogel zu füllen, hacken Sie die Zwiebeln und den Apfel und mischen Gewürze, Salz und Pfeffer unter. Wer mag, der gibt auch die Innereien der Ente hinzu. Manchmal werden diese aber auch gar nicht mehr mitgeliefert. Schließen Sie mit einem Schaschlikspieß die Halsöffnung und die Bauchhöhle und binden Sie den Vogel mit etwas Küchengarn in eine kompakte Form.

Geben Sie die Ente in eine Pfanne, um die Bratensäfte aufzufangen. Bei geschlossenem Deckel sollten Sie die Ente bei 180 °C wenigstens zwei Stunden garen. In der letzten halben Stunde können Sie die Ente mit Salzwasser einpinseln, aus der Pfanne herausnehmen und dann auf dem Grillrost von allen Seiten knusprig grillen. Dazu sollten Sie aber richtig Temperatur geben, damit die Haut auch kross wird. Das Fleisch sollte dann schon gar sein und die Kerntemperatur in der Füllung bei über 80 °C liegen. Die Zartheit des Fleisches liegt zum großen Teil daran, wie lange die Temperatur auf die Tiefe des Vogels einwirkt. Daher lieber etwas länger bei nicht so hoher Temperatur garen, als zu kurz bei hoher Temperatur. Ziel ist es hier, ein weiches, mürbes Fleisch zu erzeugen, aber keine rosa gebratene Entenbrust, das geht mit dieser Methode nicht.

Die Bratensäfte können Sie mit Saucenbinder und einem Klecks Johannisbeermarmelade als Sauce zurechtmachen. Dazu passen Rotkohl und Klöße. Es geht aber auch im frischen Brötchen, mit Rotkohlsalat und Preiselbeersahne (geschlagene Sahne mit Preiselbeeren mischen).

CHICKEN WINGS

In den letzten Jahren haben sich Hühnerflügel als Snack auch in Europa immer mehr durchgesetzt. Wichtig dabei ist, die Flügel in indirekter Hitze erst einmal richtig weich zu garen und dann erst mit einem zuckerhaltigen Ketchup zu glasieren.

ZUTATEN FÜR 4 KINDER ODER 8 ERWACHSENE ALS FINGERFOOD-VORSPEISE:

- 1 kg Hühnerflügel (geht auch mit Hühner-Unterkeulen)
- Hähnchen-Gewürz
- Chinesische süße Chili-Knoblauch-Sauce (sweet chicken sauce)

Würzen Sie die Flügel in einer Schüssel mit Hähnchengewürz, sodass die Flügel rundum bedeckt sind. Dann werden die Chicken Wings auf einem Kugelgrill bei indirekter milder Hitze langsam gar gegrillt. Sie sollen jetzt noch keine Farbe annehmen, sondern nur so weich garen, dass sich das Fleisch von den Knochen löst. Das ist der Schlüssel zum Erfolg bei den Wings.

Sind die Wings weich und zart, geben Sie richtig Hitze auf den Grill und pinseln die Flügel mit der süßen Chili-Knoblauch-Sauce von beiden Seiten ein. Durch die Hitze karamellisiert der Zucker in der Sauce und die Flügel werden herrlich knusprig. Achten Sie aber darauf, dass sie nicht verbrennen.

LANDMANN

HÜHNERFRIKASSEE

Ein schönes Hühnerfrikassee ist ein leichtes Gericht für den Sommer. Und die Zubereitung ist nicht nur aus einem Suppenhuhn möglich, auch ein Grillhähnchen ist gut geeignet. Oder wenn die Hühnerbrust vom Grillen noch übrig ist, dann kann sie auch hierzu verwendet werden.

ZUTATEN FÜR 4 PORTIONEN:

- 1 Grillhähnchen, ca. 1,3 kg
- 1 Bund Suppengrün
- 1 kleine Dose Champignons
- 1 kleine Dose Erbsen und Möhren
- 3 EL Butter
- 3 EL Mehl
- ½ Becher Sahne
- Saft von ½ Zitrone
- Pfeffer und Salz
- Worchestersauce zum Servieren

Kochen Sie das Hühnchen in Salzwasser zusammen mit dem Suppengrün gar, bis sich das Fleisch von den Knochen löst. Lassen Sie das Hühnchen etwas abkühlen, sammeln Sie das Fleisch von den Knochen und schneiden Sie es in mundgerechte Stücke.

Schmelzen Sie die Butter in einem Topf, bestäuben diese mit dem Mehl und geben so viel durchgeseihte Brühe hinzu, bis eine sämige Sauce entsteht. Dann kommen das Fleisch, die abgetropften Champignons und die Erbsen und Möhren hinzu, die Sahne, der Zitronensaft und die Gewürze. Lassen Sie alles zusammen noch einmal heiß werden.

Servieren Sie das Hühnerfrikassee mit Reis und für jeden zum Nachwürzen mit Worchestersauce.

Aus der restlichen Brühe können Sie eine leckere Hühnersuppe kochen, indem Sie einige Suppennudeln oder auch den restlichen Reis zur Brühe geben. Dazu geben Sie einige Stücke von dem Hühnerfleisch und dünne Streifen Karotte, Lauch und Paprika, und schon ist die Suppe fertig.

DOSENHUHN

Beer But Chicken, bei denen ein Hähnchen auf einer Bierdose sitzend gegrillt wird, sind inzwischen recht bekannt. Wir drehen hier jedoch den Spieß um und grillen ein Hühnchen in einem 5-Liter-Partyfässchen!

ZUTATEN:

- 1 Grillhähnchen, ca. 1,3 kg (nicht viel schwerer!)
- 2 Zwiebeln
- Hähnchengewürz (selbstgemischt aus Pfeffer, Salz und Paprika)
- 13 Grillbriketts
- Extra starke Alufolie

Würzen Sie das Huhn innen und außen mit Hähnchengewürz. Füllen Sie das Hähnchen locker mit den beiden geviertelten Zwiebeln. Dann schlagen Sie das Hähnchen so in der Alufolie ein, dass das Päckchen am Kopfende verschlossen wird. Das Huhn kommt mit dem Kopfende voran in das Fässchen, daher muss es so verschlossen sein, dass der Saft nicht nach unten läuft und die Kohlen löscht.

Schneiden Sie den Deckel eines (leeren!) Partyfässchens mit einem Dosenöffner oder einem Messer ab. Schlagen Sie in die Dose unten einige Luftlöcher und geben Sie 13 glühende Holzkohlebriketts in die Dose. Dann stecken Sie das eingewickelte Huhn mit dem Kopf voran in das Fässchen. Nach zwei Stunden sollten die Kohlen ausgeglüht und das Huhn gar sein. Prüfen Sie gerade am Anfang, ob die Kohlen nicht ausgegangen sind.

TIPP

Sollten Sie eine schlechte Sorte Briketts erwischt haben und diese schnell ausgeglüht sein, dann sollten Sie so lange nachlegen, bis das Huhn mindestens 1 ½ Stunden gegart wurde.

HÜHNER-CURRY

Ein herrliches Gericht mit einer mal etwas anderen Geschmacksnote. Gegessen wird dieses Gericht traditionell mit Maisbrei (einer Art Polenta) aus Maismehl, aber auch Reis macht sich gut dazu.

ZUTATEN FÜR 6–8 PORTIONEN:

- 1 Hähnchen, ca. 1,4 kg (oder Hühnerkeulen)
- 3 große Zwiebeln
- 2 Knoblauchzehen
- 2 Karotten
- 1 kleiner Kohlrabi
- 1 Aubergine
- 250 g Champignons
- ½ Sellerieknolle
- 1–2 Stangen Lauch
- 2 Paprika
- 800 ml Kokosmilch
- 1 Dose Ananas-Stückchen mit Saft
- Pfeffer und Salz
- 3 EL Currypulver
- Sambal-Oelek oder Harissa
- Wenn es gibt: Frischen Ingwer und Zitronengras

Scheiden Sie das Huhn in kleine Stücke, das Gemüse in kleine Würfel und den Lauch in Ringe. Der Trick ist, die Gemüse in unterschiedlich große Stücke zu schneiden, damit nicht alles eine unförmige Grütze wird. Stücke von der Größe eines Streichholzkopfes: Sellerie, Ingwer, Knoblauch. Stücke von Kirschgröße: Aubergine, Kohlrabi, Champignons. Die Paprika in etwa 1-Euro-große Stücke schneiden. Die Zwiebel in Achtel schneiden, sodass es keine Ringe, sondern Stücke gibt. Die Karotte in ganz dünne Scheiben oder besser in Julienne schneiden.

Einem Topf oder Potjie mit daumendickem Holz kräftig einheizen. Halten Sie eine Schüssel mit den geschnittenen Zutaten bereit und eine leere Schüssel für die angebratenen Zutaten. Geben Sie eine halbe Tasse Öl in den Topf und braten Sie darin das Huhn in Portionen an, bis es rundum schön braun ist. Dann mit der Schaumkelle herausnehmen und in die leere Schüssel legen. Nach und nach alle Hühnchenteile anbraten, dann in der Schüssel mit dem Currypulver bestäuben. Das Zitronengras nicht schneiden, man kann das nicht essen, nur einen Knoten reinmachen, damit man es nach dem Kochen herausfischen kann.

Nach und nach das Gemüse anbraten und ebenfalls in die Schüssel legen. Gießen Sie gegebenenfalls etwas Öl in den Topf nach.

Wenn alles angebraten ist, geben Sie die Ananas und die Kokosmilch zusammen mit den angebratenen Zutaten in den Topf und rühren vorsichtig einmal um. Würzen Sie mit Harissa oder Sambal-Oelek, Salz und Pfeffer. Die Flüssigkeit sollte das Gemüse knapp bedecken. Jetzt sollten Sie den Potjie nur noch mit wenig Glut oder in der Strahlungshitze des Feuers zwei Stunden köcheln lassen. Auf brennenden Holzscheiten wie beim Anbraten ist die Hitze viel zu groß und das Essen brennt unweigerlich an.

Der Potjie ist ein südafrikanischer gußeiserner Topf mit Beinen

Der Potjie (gesprochen Peuki) ist ein südafrikanischer gußeiserner Topf mit Beinen. In diesem Topf werden gulaschartige Gerichte zubereitet, die lange Zeit simmern müssen. Backen wie im Dutch Oven kann man darin nicht, denn man bekommt das Ergebnis nicht am Stück heraus, weil der Topf oben enger ist als unten. In einem zweiten Potjie wird meist Maisbrei (Mealie-Pap) zubereitet, der als Beilage dient.

HUHN UNTERM BACKSTEIN

Beim Grillen ist es immer schwierig, die ganzen Hühnchen gar zu bekommen. Mit diesem Trick gelingt das ganz einfach.

ZUTATEN:

- 1 Backstein
- 1 Brathähnchen
- Hähnchen-Grillgewürz

Wickeln Sie einen Backstein in Alufolie ein, damit er außen schön sauber ist, und legen Sie ihn auf den Grill, damit er sich richtig aufheizt. Dann schneiden Sie das Hühnchen am Rücken auf, klappen es auf und drücken es platt. Zum Grillen wird es gewürzt und mit der offenen Körperhöhle zuerst auf den Grill gelegt, auf die Brust legen Sie den heißen Backstein. Je nach Temperatur auf dem Grill wenden Sie das Huhn nach 15–20 Minuten, um dann die Brust mit der Haut zu bräunen.

GRILLHÄHNCHEN

Bei einigen Grills besteht die Möglichkeit, einen Drehspieß zu installieren. Die Befeuerung geschieht dann von der Seite und die Säfte des Grillguts tropfen nicht in die Glut.

ZUTATEN:

Grillhähnchen,
je nach Größe und Appetit,
ein Hähnchen mit 1,3 kg
reicht für 2 Personen.
Hähnchengewürz
(Pfeffer, Salz, Paprika)

Würzen Sie das Hähnchen und befestigen Sie es auf dem Drehspieß. Sie können je nach Grill auch mehrere Vögel hintereinander aufreihen. Dann kommt das Hähnchen auf den vorgeheizten Grill und dreht sich dort mindestens 1 ½ Stunden. Das Innere sollte eine Kerntemperatur von über 80 °C erreichen, was Sie am besten mit einem Fleischthermometer überprüfen. Wenn das Hähnchen gar ist, schieben Sie es etwas dichter an die Glut und knuspern es auf. Dazu wird es fleißig mit Salzwasser eingepinselt.
Sie können auch die Säfte aus der Fettauffangschale nutzen. In diese sollten Sie übrigens entweder Wasser geben, damit die Säfte nicht anbrennen, oder ein aufgeschnittenes Baguette, das die Säfte aufsaugt.

SATAY-SPIESSE

ZUTATEN FÜR ETWA 30 STÜCK:

500 g Hähnchenbrustfilet

FÜR DIE MARINADE:

- 1 Stück frischer Ingwer, pflaumengroß
- ½ Tasse Kokosmilch
- 4 EL helle Sojasauce
- ½ TL Sambal Oelek
- 1 TL Koriander, gemahlen
- 2 TL brauner Zucker
- Salz

FÜR DIE SAUCE:

- 1 Stück frischer Ingwer, pflaumengroß
- 100 g Erdnussbutter mit Stückchen
- 250 ml Kokosmilch
- 1 TL Sambal Oelek
- 2 TL brauner Zucker
- 2 EL Limettensaft
- Salz

Diese Spieße eignen sich hervorragend als Fingerfood oder mit Reis als Hauptgericht.

Schneiden Sie das Fleisch in lange, dünne Streifen und legen Sie die Holzstäbe zum Wässern ins Wasser.
Verrühren Sie den fein geriebenen Ingwer mit der Kokosmilch, der Sojasauce, dem Sambal Oelek, dem Koriander, dem Zucker und dem Salz zu einer Marinade. In dieser Marinade lassen Sie das Fleisch einige Stunden im Kühlschrank stehen.

Lassen Sie die Erdnussbutter, den fein geriebenen Ingwer, die Kokosmilch, das Sambal Oelek und den Zucker in einem Topf langsam aufkochen. Die Sauce soll sämig einkochen und wird erst dann mit Salz und Limettensaft abgeschmeckt.

Das Fleisch spießen Sie wellenförmig auf Holzspieße und grillen es einige Minuten von jeder Seite. Dann wird es heiß mit der Sauce serviert.

Don't cook – just grill!

GEGRILLTE HÜHNER- ODER PUTENBRUST

Sobald mehrere Frauen regelmäßig mitgrillen, kommt der Ruf nach Putensteaks oder Hühnerbrust auf. Das ist wegen des mageren Fleisches eine Herausforderung für jeden Griller. Geflügel sollten Sie nach Möglichkeit am Knochen oder im Ganzen grillen, aber auch einzelne Steaks gelingen, wenn man einige Kniffe beachtet: Die Scheiben sollten nur fingerdick sein und sehr gleichmäßig geschnitten. Ziel ist es, die Scheiben durchzugrillen, bevor die Außenseite zu trocken wird, und das gelingt nur mit dünnen Scheiben.

ZUTATEN:

- Puten- oder Hühnerbrust
- etwas zerlassene Butter
- Pfeffer, Salz und Paprika

Würzen Sie das Fleisch mit Pfeffer, wenig Salz und Paprika. Sorgen Sie dafür, dass das Fleisch schon Zimmertemperatur angenommen hat. Dann bepinseln Sie es mit zerlassener Butter und geben es auf den sehr heißen Grill. Nach einigen Minuten sollte auf dem Fleisch etwas Fleischsaft austreten, dann drehen Sie das Fleisch das einzige Mal um. Sobald auch auf dieser Seite klarer Fleischsaft austritt, nehmen Sie das Stück vom Grill, legen es auf einen Teller und decken es mit einem Suppenteller für weitere fünf Minuten ab. Jetzt sollte das Fleisch innen durchgegart sein, aber nicht strohig und auch nicht trocken.

FISCH

FORELLE IN ALUFOLIE

Beim Camping ist Fisch eine der Delikatessen, die natürlich auch auf dem Grill zubereitet werden sollten. Leider ist das Grillen von feinen Fischfilets nicht ganz einfach, der Fisch zerfällt sehr schnell und klebt am Grillrost an. Einfacher ist es, den Fisch in Alufolie einzuschlagen.

ZUTATEN PRO PORTION:

- 1 Forelle
- Kräuter (Dill, Petersilie, Schnittlauch)
- Pfeffer und Salz
- 1 TL Butter oder 1 EL Öl
- 1 Zitrone

Geben Sie etwas Öl oder Butter auf die Alufolie und dann den mit Pfeffer und Salz gewürzten Fisch darauf. Die Kräuter geben Sie in die Bauchhöhle. Auf den Fisch legen Sie eine halbe, in Scheiben geschnittene Zitrone, die andere Hälfte der Zitrone ist für die Garnitur. Falten Sie die Alufolie zu einem Päckchen und garen Sie den Fisch von jeder Seite 8–10 Minuten.

Sollten Sie lieber Fischfilet verwenden, bereiten Sie Portionspäckchen vor: Legen Sie Alufolie doppelt oder dreifach aus. Wählen Sie die Stücke so groß, dass Sie die Folie noch sicher verschließen können. Geben Sie dann etwas Gemüse wie Karotten- oder Sellerie-julienne auf die Folie und legen Sie die Fischfilets oben auf. Die Päckchen verschließen und etwa 8–10 Minuten auf dem Grill garen.

MATJESESSEN

Ein schöner Matjes mit Brat- oder Pellkartoffeln kann ein richtiges Festmahl sein. Das kann sich kaum jemand vorstellen, aber bei der richtigen Fischauswahl und wenn man das richtig zelebriert, wird es ein unvergessliches Erlebnis. Und noch etwas macht es perfekt für die Campingküche: Die Hauptzutat ist kalt und kommt daher den eingeschränkten Möglichkeiten entgegen.

ZUTATEN:

- Matjes – Natur, Hausfrauenart,
- Spezialitäten-Matjes
- (Sherry, Geräuchert, Curry etc.)

ALS BEILAGEN:

- Zwiebelringe
- Butter
- Vollkornbrot
- Speckstippe
- Pellkartoffeln
- Bratkartoffeln
- Bohnenbündchen

ÖLSARDINEN

Ölsardinen in der Dose sind ein schön billiges und fettiges Essen, aber es geht auch mit etwas mehr Stil.

GEBACKENE ÖLSARDINEN

ZUTATEN:

- Ölsardinen aus der Dose
- Mehl
- Paprikapulver
- Zitrone zum Servieren

Bei diesem Gericht handelt es sich eher um Tapas, eine kleine Leckerei zum Bier oder Wein. Nehmen Sie die Sardinen vorsichtig aus der Dose und lassen Sie sie abtropfen. Würzen Sie mit Paprikapulver, wenden Sie die Fische im Mehl und braten Sie sie in etwas Öl von beiden Seiten goldbraun und knusprig. Serviert werden die Fische frisch und heiß aus der Pfanne mit Baguette und Zitronenspalten.

ÖLSARDINEN ALS BROTAUFSTRICH

ZUTATEN:

- 1 Dose Ölsardinen
- 1 TL Kapern
- 1 EL Schnittlauchröllchen
- 1 EL gehackte Petersilie
- 1 Schalotte oder kleine Zwiebel
- 1 EL Senf
- Saft von 1 Zitrone
- evtl. Olivenöl
- Pfeffer und Salz

Die Ölsardinen abtropfen lassen, mit den Kapern fein hacken und mit dem Schnittlauch, der Petersilie, den Zwiebelwürfeln, dem Senf und dem Zitronensaft mischen. Mit Pfeffer und Salz mischen und – falls die Masse zu trocken ist und sich nicht richtig streichen lässt – mit etwas Olivenöl weicher machen.

In einer kleinen Schüssel mit einem Buttermesser zu Baguette servieren. Es passt aber auch grobes Bauernbrot.

KALTE LACHSPIZZA

Hierbei handelt es sich nicht um eine gebackene und dann erkaltete Pizza im eigentlichen Sinne, sondern um ein tolles Gericht für Zwischendurch aus einem Fladenbrot und Frischkäse, Räucherlachs und Eiern.

ZUTATEN:

- 1 Fladenbrot
- 2 Päckchen Frischkäse
- 6 hartgekochte Eier
- Remoulade aus der Tube
- 400 g Räucherlachs

Schneiden Sie das Fladenbrot quer auf und backen Sie die Schnittflächen etwas auf. Das geht gut auf einem Grill oder zur Not mit einer Grillzange über dem Gasbrenner. Dann bestreichen Sie eine Schnittfläche mit Frischkäse, belegen sie mit dem Lachs und den in Scheiben geschnittenen Eiern. Auf jede Eischeibe kommt noch ein Klecks Remoulade.

Jetzt können Sie entweder die zweite Seite auch mit Frischkäse bestreichen und das Brot wieder zuklappen, um dann „Tortenstücke" zu schneiden. So benötigen Sie nur die Hälfte des teuren Lachses. Oder Sie belegen die zweite Seite ebenfalls mit Lachs und Eischeiben.

GEMÜSE UND BEILAGEN

MAISKOLBEN UND CHICORÉE GEGRILLT

Maiskolben zu grillen ist einfach, da diese schon vorgegart im Supermarkt zu bekommen sind. Sollte der frische Zuckermais gerade Saison haben und auf dem Markt zu bekommen sein, dann behandeln Sie ihn wie folgt: Zuerst werden ganz vorsichtig die Blätter zurückgekrempelt, sie dürfen nicht abfallen. Dann entfernen Sie die braunen Haare vollständig und streichen den Maiskolben leicht mit Butter ein. Dann werden die Blätter vorsichtig zurückgeschlagen und die Spitze mit etwas Blumendraht fixiert. Legen Sie die Maiskolben eine halbe Stunde in kaltes Wasser, damit die Blätter länger auf dem Grill durchhalten. Grillen Sie die Maiskolben direkt auf der Glut oder auf dem Grill, bis die äußeren Blätter dunkel sind. Dann sollte der Mais gar sein. Einfach die Blätter zurückschlagen, Kräuterbutter drauf und abknabbern.

Chicorée ist auch einfach zu grillen und gewinnt sehr durch die Hitze. Schneiden Sie ihn längs durch und legen Sie ihn mit der Schnittfläche nach unten auf den Grill. Wenn diese Seite gebräunt und an einigen Stellen leicht schwarz ist, drehen Sie den Chicorée um. Während die Außenseite gart, träufeln Sie auf die Schnittseite gutes Olivenöl oder Kräuterbutter und streuen etwas Salz und Pfeffer darauf. Sobald dann die Unterseite auch dunkel ist, kann er auf den Teller.

TIPP

Die Aubergine sollten Sie zwei Stunden vorher schneiden, mit Salz bestreuen und vor dem Braten das entstandene Wasser abgießen.

RATATOUILLE

Ratatouille ist eine herrlich sommerliche Beilage, bei der Sie wunderbar flexibel sind. Verwenden Sie einfach die Gemüsesorten, die gerade zur Verfügung stehen.

ZUTATEN FÜR 4 PORTIONEN ALS BEILAGE, FÜR 2 PORTIONEN ALS HAUPTGERICHT:

3 Paprika
(rot, gelb und grün)
1 Aubergine
1 Zucchini
2–3 Tomaten oder 1 Dose
geschälte Tomaten
1 große Zwiebel
1 Knoblauchzehe
mediterrane Gewürze
(Rosmarin, Thymian,
Oregano)
Tomatenmark
1 EL Zucker
Pfeffer und Salz

Schneiden Sie das Gemüse in mundgerechte Stücke, die Zwiebel in grobe und den Knoblauch in feine Würfel. Erhitzen Sie das Olivenöl in einer großen Pfanne und braten Sie zuerst die Zwiebel und den Knoblauch, dann die Zucchini und die Paprika und zum Schluss die Aubergine an. Dann kommen die Tomate und etwas Tomatenmark oder die Dosentomaten dazu. Würzen Sie nach Geschmack mit etwas Zucker, Salz und Pfeffer sowie den Kräutern. Ggfs. etwas Wasser angießen und leicht köcheln lassen, das Gemüse sollte aber noch Biss haben.

Ratatouille schmeckt als Beilage oder mit Reis, Baguette oder Couscous als vegetarisches Hauptgericht.

BRAUNKOHL

Dies ist das richtige Rezept für eine Braunkohlwanderung, die Ihrer Familie noch lange in der Erinnerung bleibt. Feuern Sie am Treffpunkt ein Feuer an und treffen Sie dort die fröhlichen Mitwanderer. Wenn das Feuer heruntergebrannt ist, stellen Sie einen gusseisernen Topf oder Dutch Oven in die heiße Asche und wandern los. Kommen Sie nach zwei Stunden zurück, ist der Braunkohl fertig und Sie brauchen nur noch die vorbereiteten Bratkartoffeln anzubraten, nach 15 Minuten hat jeder sein Essen heiß auf dem Teller.

ZUTATEN:

- Schmalz
- Zwiebeln
- Braunkohl (Grünkohl), aus der Dose oder fertig vorgekocht (pro Person ca. 250 g Dosenware oder 500 g frische Ware, gerne auch mehr)
- Brühe
- lose Bregenwurst aus der Dose
- Pfeffer, Salz und Piment

AUSSERDEM PRO PERSON:

- 1 frische und 1 geräucherte Bregenwurst
- 1 Scheibe Bauchfleisch
- 1 Scheibe Kasseler

Einen guten Schlag Schmalz in einen Dutch Oven geben, die gewürfelten Zwiebeln darin anschwitzen, den Braunkohl hinzugeben und mit der Brühe angießen. Ist er noch nicht gewürzt, dann jetzt salzen und pfeffern und mit etwas Piment Geschmack geben.

Die Bregenwurst aus der Dose über dem Braunkohl zerpflücken und untermischen. Die Bregenwürste und Fleischscheiben unter den Braunkohl in den Topf geben und den Deckel schließen. Mit wenig Oberhitze lassen Sie den Topf in der heißen Glut stehen.

Bei Platzproblemen im Topf können Sie das Kasseler auch in einem weiteren Dutch Oven am Lagerfeuer im Ganzen braten. Das Bauchfleisch und die Bregenwürste können auch im Kessel gekocht werden. Zuerst das Bauchfleisch etwa eine Stunde kochen, dann die Bregenwürste zugeben und nur noch ziehen lassen. Dazu gehört Pfeffer, Salz, Maggi und Senf.

TIPP

Denken Sie daran: „Braunkohl muss glänzen wie eine frisch gepflügte Ackerscholle!“

SÜẞE BRATKARTOFFELN

Zum Grünkohl gibt es eine Spezialität: Süße Bratkartoffeln. Das hört sich im ersten Moment komisch an, aber wer sie einmal gegessen hat, wird sie immer wieder wollen. Kochen Sie am Vorabend etwa pflaumengroße Pellkartoffeln und lassen Sie sie über Nacht abkühlen. Am nächsten Tag werden die Kartoffeln gepellt und sind dann schön „speckig". Nehmen Sie eine große Eisen- oder Gusseisenpfanne und erhitzen Sie Schmalz oder Butterschmalz und geben Sie die Kartoffeln im Ganzen hinein. Sobald diese rundum schön braun und knusprig sind, bestreuen Sie die Kartoffeln mit Zucker und lassen ihn karamellisieren, sodass er seine Süße verliert. Sie müssen dabei aufpassen, dass er nicht zu weit verbrennt und bitter wird. Die gusseiserne Pfanne speichert sehr viel Hitze, es hilft, die Pfanne zum Karamellisieren vom Feuer zu nehmen.

COWBOY-BOHNEN

ZUTATEN FÜR 6–8 PORTIONEN (ALS BEILAGE GERECHNET):

- 3 Tassen Speckwürfel
- 3 Tassen Zwiebelwürfel
- 1 große Dose Kidney-Bohnen
- 100 ml Chilisauce
- 100 ml Tomatenmark
- 2 TL Senf
- 1 EL Zucker
- Pfeffer und Salz
- Sambal Oelek
- Butter oder Olivenöl

TIPP
Am besten schmecken solche Gerichte, wenn sie gekocht und wieder aufgewärmt werden.

Braten Sie die Zwiebel- und die Speckwürfel in der Butter an. Daneben rösten Sie das Tomatenmark. Löschen Sie das Ganze mit den Kidney-Bohnen und der Chilisauce ab und würzen Sie mit Senf, Zucker, Pfeffer und Salz sowie Sambal Oelek. Mit geschlossenem Deckel bei milder Hitze wenigstens eine halbe Stunde köcheln lassen.

Dieses Gericht können Sie als Beilage zum Grillfleisch zubereiten und dazu einen 10-Zoll-Dutch-Oven auf den Grill stellen. Dabei genügen eine Handvoll Grillkohlen, um den Topf zum Kochen zu bringen und ein bis zwei Stunden die Wärme zu halten. Man täuscht sich dabei gewaltig!

CHAMPIGNON-PFANNE

Als typisches Jahrmarktsgericht ist eine Pilzpfanne immer willkommen und als vegetarische Alternative zum Grillen oder als Beilage zum Grillfleisch ein Genuss.

ZUTATEN PRO PORTION:

200–300 g frische Champignons,
nicht zu groß
1 Zwiebel
100 g Kräuterbutter

Erhitzen Sie eine große Pfanne und geben Sie die Kräuterbutter hinein. Dann kommen die Pilze und die Zwiebelwürfel hinzu – und das war es auch schon! Sobald das Köcheln aufhört und die Pilze Farbe annehmen, ist die Pilzpfanne fertig. Mit frischem Baguette ein Genuss.

PFIFFERLINGE

Pilze „satt" am offenen Feuer sind eine ganz besondere Delikatesse, gerade, wenn man die Pilze auch noch selbst gesammelt hat. Wichtig ist bei Pfifferlingen, dass diese richtig in Fett angebraten werden, da sie den typischen Geschmack erst deutlich über 100 °C entwickeln.

ZUTATEN PRO PORTION:

200–300 g Pfifferlinge
1 kleine Zwiebel
50 g Räucherspeck
Pfeffer und Salz

Etwas Butterschmalz in einer Pfanne erhitzen und den gewürfelten Speck auslassen. Dann die Zwiebeln dazugeben und glasig dünsten. Jetzt kommen die frischen Pilze sowie Pfeffer und Salz dazu. Die Pilze unter ständigem Rühren in der Butter schmoren, bis das Köcheln aufhört.

In der Pfanne kann man etwas Platz machen und einige Rühreier oder ein Rumpsteak braten. Mit einem Becher Obers (Sahne) dazu erhält man Rahmpilze. Füllt man dann noch mit einem Liter Rinderbrühe auf, erhält man eine Pilz-Rahmsuppe.

BOHNEN MIT SPECK

ZUTATEN PRO PORTION:

1 Tasse Speckwürfel
1 Zwiebel
1 kleine Dose Bohnen
(Baked Beans,
Kidney-Bohnen,
weiße Bohnen,
Chili-Bohnen o.ä.)

Den Speck in der Pfanne auslassen. Die Zwiebel würfeln und mit dem Speck anbraten. Dann die Bohnen zufügen und weichkochen, ggfs. etwas Wasser nachgießen. Mit Pfeffer, Salz und Chilipulver abschmecken.

NUDELN, REIS UND KARTOFFELN

JV
GAS COOKER
MED
MAX

REIBEKUCHEN

Das Typische am Kartoffelpufferbraten ist der zwei Tage in der Wohnung hängende Fettgeruch. Beim Camping ist das kein Problem, man kann ja nach draußen ausweichen auf den Grill oder mit einem mobilen Kocher, was aber den Nachteil hat, dass der Duft die Nachbarn magisch anzieht.

ZUTATEN PRO PORTION:

- 1 große Kartoffel
- 1 Ei
- 1 kleine Zwiebel
- 1 EL Mehl
- Pfeffer und Salz

Die geschälten Kartoffeln und Zwiebeln werden roh gerieben. Lassen Sie die Masse etwas stehen und gießen Sie dann das Wasser weg, das sich unten in der Schüssel gesammelt hat. Dann kommen die Eier, Pfeffer und Salz und das Mehl dazu.

Erhitzen Sie in einer Pfanne etwas Schmalz oder Butterschmalz und braten Sie die Puffer von beiden Seiten goldbraun und knusprig.

Ganz Verwegene grillen noch gefrorene Tiefkühlpuffer auf dem Grill, sie zerfallen dann nicht.

FOLIENKARTOFFELN IM ANZÜNDKAMIN

Während Sie im Anzündkamin Ihre Kohlen anfeuern, können Sie die Wartezeit wunderbar nutzen, um Folienkartoffeln zu garen. Wickeln Sie dazu dicke Grillkartoffeln in doppelt gelegte Alufolie und legen Sie sie oben auf die Kohle in den Anzündkamin. Da der Kamin aber sehr schnell sehr heiß wird, sollten Sie die Kartoffeln nur zum Anfang auf den Kamin legen und dann entfernen. Lassen Sie die Kohlen durchglühen und geben Sie sie in den Grill. Lassen Sie die Kartoffeln dann noch einige Minuten in der heißen Glut garen und prüfen Sie dann mit einer Gabel, ob sie schon weich sind.

PENNE BOLOGNESE

ZUTATEN FÜR 4 PORTIONEN:

500 g Nudeln
(Penne, Spaghetti o.ä.)
500 g Rinderhackfleisch
1 Zwiebel
1 Knoblauchzehe
1 Karotte
200 ml Gemüsebrühe
1 kleine Dose Tomatenmark
1 TL Oregano
1 Dose Tomaten, gestückelt,
mit Kräutern (etwa 400 g)
2 EL Tomatenketchup
Salz und Pfeffer

Das Hackfleisch in eine Pfanne geben, langsam erhitzen und im eigenen Fett unter Rühren anbraten, dann mit Salz und Pfeffer würzen. Die Zwiebel, den Knoblauch und die Karotte schälen und in feine Würfel schneiden und kurz mit dem Hackfleisch anbraten. Mit der Brühe ablöschen und das Tomatenmark, den Oregano, die Tomatenstücke und das Tomatenketchup unterrühren. Etwa 40 Minuten köcheln lassen.

Die Penne oder Spaghetti in Salzwasser bissfest kochen, abgießen, abschrecken und zusammen mit der Sauce servieren.

TIPP

Bolognesesauce schmeckt auch lecker zu Reis.

SPAGHETTI CARBONARA

Pro Person rechnet man 150–200 Gramm Spaghetti – aus einem Paket mit 500 Gramm werden also drei Leute satt. Das Kochen der Nudeln kann schon am Vortag passieren, dann kann man die vorgekochten Spaghetti mitnehmen. Dazu müssen die Nudeln allerdings nach dem Kochen sofort mit Wasser abgespült und mit etwas Öl übergossen werden, damit sie nicht so zusammenkleben.

ZUTATEN PRO PORTION:

- 150–200 g Spaghetti
- 1 Ei
- ½ Becher Sahne
- 1 EL geriebener Parmesan
- ½ Tasse Speckwürfel
- ½ Zwiebel
- Salz und Pfeffer

Die Spaghetti in einem Topf mit sehr salzigem Wasser al dente kochen.
Die Speckwürfel in einer Pfanne auslassen und die Zwiebelwürfel darin glasig anbraten. Die Spaghetti mit in die Pfanne geben.

In einer Schüssel das Ei, die Sahne und den Parmesan mischen und mit Salz und Pfeffer abschmecken. Die Masse über die Spaghetti geben und unter kräftigem Rühren stocken lassen.

GAS COOKER
MED
MAX

RAVIOLI

Eine Dose Ravioli gehört zum Campen einfach dazu, allein schon, weil sie so viele Erinnerungen weckt. Nun, Ravioli gehören aus der halb geöffneten Dose gegessen, aufgewärmt auf einem wackeligen Gasbrenner mit Einweg-Kartuschen.
Auch wenn „Dosenravioli" und „Verbessern" nicht zusammenpassen, Tabasco, Chili, Käse, Kräuter, Tomatenstücke, Knoblauch, Parmesan – und was noch so auf die Schnelle zu beschaffen ist – optimieren den Geschmack doch deutlich.
Sie können auch die Ravioli in einer Auflaufform überbacken, entweder im Kugelgrill, Backofen, oder – wenn beides nicht vorhanden ist – mit dem Lötbrenner. Weiter sollte man sich nicht an die Verfälschung der Jugenderinnerungen herantrauen, denn das dauert dann so lange, dass man gleich richtige, frische Ravioli kochen und mit einer ordentlichen Sauce auf den Tisch bringen könnte.

KÄSSPÄTZLE

Käsespätzle sind eine sehr sättigende vegetarische Mahlzeit, die sich auch schnell mit Spätzle aus der Tüte machen lassen.

ZUTATEN PRO PORTION:

100–150 g Spätzle
1 Zwiebel
50 g Käse
Pfeffer und Salz

Kochen Sie die Spätzle nach Anleitung gar und geben Sie diese in eine Schüssel, darüber kommen die angebratenen Zwiebeln und der geraspelte Käse. Würzen Sie mit Pfeffer und Salz und rühren Sie alles gut durch. Die Hitze der Nudeln genügt völlig, um den Käse schmelzen zu lassen.

Wer mag, kann die Kässpätzle mit ausgelassenen Speckwürfeln und etwas Sahne verfeinern.

SCHUPFNUDELN

Bei Schupfnudeln handelt es sich um eine Spezialität aus einem Kartoffelteig. Die Schupfnudeln gibt es in hervorragender Qualität als Frischware aus dem Kühlregal, sodass sich das Selbermachen auf dem Campingplatz kaum lohnt.

ZUTATEN PRO PORTION:

250 g frische Schupfnudeln
1 Tasse Sauerkraut
gewürfelter Speck

Lassen Sie den Speck in etwas Butterschmalz aus, geben Sie die Schupfnudeln dazu und lassen Sie sie rundum schön braun werden. Schieben Sie die Nudeln etwas zur Seite und erhitzen Sie das Sauerkraut in der Pfanne.

PAELLA

ZUTATEN FÜR 4 PORTIONEN:

8 Venusmuscheln oder
1 kg Miesmuscheln
12 Shrimps
4 Hühnerkeulen
1 Zwiebel
1 rote Chilischote
1 große Knoblauchzehe
½ Tasse Olivenöl
2 Tomaten
3 Tassen Hühnerbrühe
2 Tassen Reis
1 kleine Dose Artischockenherzen
1 Tasse Erbsen
½ Tasse Oliven
Safran, Paprika, Oregano
Pfeffer und Salz

Das Olivenöl in einem 12-Zoll-Dutch-Oven oder einer großen Pfanne erhitzen. Die Hühnerkeulen häuten und etwa 15 Minuten anbraten, anschließend herausnehmen. Den Knoblauch pressen, die Zwiebeln würfeln, die Chili waschen und klein schneiden. Zusammen mit den gewürfelten Tomaten und Oliven einige Minuten anschwitzen. Die Hühnerkeulen, etwas Wasser, die Brühe und die restlichen Gewürze hinzufügen und zehn Minuten köcheln lassen. Den Reis hinzufügen und kurz aufkochen lassen.

Die Shrimps und die Muscheln waschen und ggf. schälen. Zusammen mit den Artischockenherzen und den Erbsen in den Topf geben und mit geschlossenem Deckel so lange kochen, bis sich die Muscheln öffnen. Den Deckel abnehmen und die Paella kräftig umrühren, damit die überschüssige Flüssigkeit verdampfen kann.

Wer die Muschelschalen in der Paella nicht mag, kann die Muscheln auch separat kochen, die Schalen entfernen und nur das Muschelfleisch kurz vor dem Servieren zugeben. Mit Weißbrot servieren.

SALATE

WARMER KARTOFFEL-SALAT MIT SPECK

Eine typisch bayerische Spezialität, die gut zu Frikadellen und Gegrilltem passt. Durch die fehlende Mayonnaise ist er auch in der sommerlichen Hitze sicher aufzubewahren.

ZUTATEN FÜR 4 PORTIONEN:

- 1 kg Kartoffeln, festkochend
- 1 Zwiebel
- 150 g Räucherspeck
- 4 EL Öl
- 4 EL Essig
- 250 ml Brühe
- Pfeffer und Salz
- 1 EL Senf

Kochen Sie die Kartoffeln in Salzwasser gar, danach abgießen und kurz abdampfen lassen. Dann pellen Sie die Kartoffeln und schneiden sie in Scheiben. In einer Pfanne erhitzen Sie das Öl und braten die Speckwürfel an, dann kommt die gewürfelte Zwiebel dazu. Sobald diese glasig ist, geben Sie die Brühe, den Essig und Senf dazu und lassen die Sauce einmal aufkochen. Gießen Sie die heiße Marinade über die Kartoffeln und würzen Sie mit Pfeffer und Salz.

Kurz durchziehen lassen und noch lauwarm genießen. Sollte der Salat zu kalt geworden sein, können Sie ihn in der Mikrowelle kurz wieder anwärmen.

KRAUTSALAT

Bei einem guten Krautsalat ist es wichtig, den Kohl sehr dünn zu schneiden. Das geht gut auf einer Aufschnitt/Brotmaschine. Oder mit einer Mandoline (Gemüsehobel). Diese beiden Geräte sind aber nur in wenigen Wohnmobilen vorhanden. Das ist eigentlich nicht so schlimm, denn der Krautsalat hält sich etliche Tage und man kann ihn in Ruhe zuhause vorbereiten und mitnehmen. Beim Grillen einfach ein Brötchen halb aufschneiden, ein Stück Fleisch hineinlegen und einen Schlag Krautsalat darauf geben, und schon ist mit wenig Geschirr und damit Abwasch die Sache geregelt. Man kann den Krautsalat auch mit Pfannen-Gyros servieren. Dazu Zaziki und Reis und als Abschluss einige Zwiebelringe, und man hat mit wenig Aufwand ein schmackhaftes Essen auch für heiße Sommertage.

ZUTATEN FÜR 4 PORTIONEN:

- 1 Weißkohl
- 1 Karotte (für die Farbe)
- 2 Zwiebeln
- 1 Tasse Zucker
- 1 Tasse Öl
- 3 Tassen Essig
- 1 Flasche Mineralwasser
- 2 EL Salz
- 1 TL Pfeffer

Schneiden Sie den Weißkohl in vier Teile und entfernen Sie die äußeren Blätter. Der Strunk bleibt drin, da er den Kohl zum Raspeln zusammenhält. Dann raspeln oder schneiden Sie den Kohl in feine Streifen, der Strunk wird dann weggeworfen. Dazu kommen die in feine Würfel geschnittenen Zwiebeln und Karotten.

Mischen Sie aus den anderen Zutaten ein Dressing und heben Sie es unter den Kohl. Lassen Sie den Krautsalat mindestens über Nacht, besser 24 Stunden durchziehen. Sie können den Salat auch mit einem Teller und einem Gewicht beschweren. Vor dem Servieren gießen Sie das meiste der Flüssigkeit ab.

Um ihn besser aufheben zu können, sollte der Krautsalat von der Flüssigkeit bedeckt sein. In diesem Falle entnehmen Sie nur die benötigte Menge Salat mit einem sauberen Salatbesteck.

NUDELSALAT MIT GETROCKNETEN TOMATEN UND PARMESAN

ZUTATEN FÜR 4 PORTIONEN:

500 g Nudeln
200 g Cocktailtomaten
1 Schale Rucola
1 Glas getrocknete Tomaten in Öl
1 kleines Glas Oliven
50 g Parmesan

FÜR DIE SAUCE:

1 Teil Olivenöl (½ Tasse)
2 Teile Tomatenöl
1 Teil Aceto balsamico
1 EL Senf
1 Zwiebel
1 Knoblauchzehe
evtl. Pinienkerne
Salz und Pfeffer

Kochen Sie die Nudeln al dente, gießen Sie sie ab und lassen Sie sie kalt werden. Die halbierten Cocktailtomaten und die abgetropften und klein geschnittenen Tomaten aus dem Öl werden mit den kalten Nudeln gemischt. Aus den Zutaten für die Sauce mischen Sie eine Vinaigrette und geben diese über die Nudeln. So sollte der Salat einige Stunden im Kühlschrank durchziehen. Vor dem Servieren mischen Sie den Rucola und die Parmesanspäne unter. Wer möchte, kann noch eine Handvoll in einer trockenen Pfanne angerösteter Pinienkerne über den Salat streuen.

WURSTSALAT

Als zweites Frühstück oder Vesper mit einem schön kalten Weizenbier ist ein Wurstsalat eine leckere Sache. Für die Campingküche eignet er sich durch die geringe Anzahl an Zutaten. Die Lyoner Wurst gibt es meist vakuumverpackt, was die Haltbarkeit verlängert. Sie können auch Jagdwurst aus der Dose verwenden.

ZUTATEN:

- 500 g einfache Fleischwurst (Lyoner)
- 2 Zwiebeln
- 6 EL Öl
- 3 EL Essig
- 1 EL Zucker
- Pfeffer und Salz
- Schnittlauchröllchen zur Deko, geht auch ohne

Die Wurst pellen und in attraktive Stücke schneiden. Stäbchen sehen besser aus als Scheiben, die kleben zu sehr aneinander. Die geschälten Zwiebeln in dünne Ringe schneiden und mit der Wurst mischen. Aus Essig und Öl, Zucker, Salz und Pfeffer eine würzige Sauce anrühren und mit dem Wurstsalat mischen. Nach Möglichkeit eine Stunde im Kühlschrank durchziehen lassen. Vor dem Servieren mit Schnittlauchröllchen garnieren. Dazu reicht man Laugenbrezeln, derbes Bauernbrot und eiskalte Butter und selbstverständlich Weizenbier.

Variation: Mit in Streifen geschnittenem Käse (Emmentaler, etwa 200 Gramm, entsprechend die Menge Wurst kürzen) und Gewürzgurke wird daraus ein Schweizer Wurstsalat. Geben Sie für mehr Säure etwas von dem Gurkenaufguss dazu.

SNACKS

OBAZDER

Als typisch bayerisches Schmankerl wird Obazda mit kalter Butter und Laugenbrezeln gegessen.

ZUTATEN:

- 200 g weicher Brie-Käse, geht auch mit Camembert
- 200 g Frischkäse
- 1 Bund Schnittlauch
- 1 TL gemahlener Kümmel (wer mag)
- 1 TL edelsüßer Paprikapulver
- Pfeffer und Salz
- Zwiebelringe zum Garnieren

Den Käse in einer Schüssel mit einer Gabel in Stücke zerdrücken und mit dem Frischkäse mischen. Dazu kommt der in feine Röllchen geschnittene Schnittlauch, von dem Sie etwas als Deko zurückbehalten. Die Gewürze dazugeben und aus den Zutaten eine geschmeidige Masse rühren. Nach Möglichkeit in eine schöne Schüssel streichen und einige Stunden im Kühlschrank kalt werden lassen.

Zum Servieren mit den Schnittlauchröllchen bestreuen und mit groben Zwiebelringen belegen. Dazu passt grobes Bauernbrot oder Laugenbrezeln und ein frisches Weißbier.

THUNFISCH-CREME

Thunfischdosen sind auf Dauer langweilig, aber mit etwas Fantasie wird daraus ein toller Party-Brotaufstrich

ZUTATEN:

- 2 Dosen Thunfisch im eigenen Saft (geht auch mit Öl, ist dann aber fettiger)
- 1 Zwiebel
- 3 EL Mayonnaise
- 3 EL Schmand oder Crème fraîche
- 1 EL Kapern
- 1 EL gehackte Petersilie
- 1 EL Schnittlauchröllchen
- etwas Zitronensaft oder Essig
- Pfeffer und Salz

Der Thunfisch wird in einer Schüssel mit zwei Gabeln fein zerrissen und mit der gehackten Zwiebel, den gehackten Kapern, der Petersilie und den Schnittlauchröllchen vermischt. Dann geben Sie die Mayonnaise und den Schmand dazu und würzen mit Zitronensaft, Pfeffer und Salz.

Die Creme schmeckt zu Baguette genauso wie zu Bauernbrot oder Baked potatoes.

ÜBERBACKENER SCHAFSKÄSE

Überbackener Schafskäse eignet sich hervorragend als Fingerfood oder als Vorspeise, wobei man hier gut an Geschirr sparen kann. Essen Sie den Käse direkt aus dem Alupäckchen oder verstreichen Sie ihn auf etwas frischem Baguette.

ZUTATEN:

- Schafskäse
- Olivenöl
- Gyros-Gewürz
- Knoblauch
- Zwiebel
- Oliven
- eingelegte Peperoni

Legen Sie den Schafskäse auf einen doppelten Streifen Alufolie und begießen Sie ihn mit Olivenöl. Geben Sie dann die mediterranen Gewürze oder das fertige Gyros-Gewürz darauf und bedecken Sie den Käse mit fein gehacktem Knoblauch, Olivenscheiben, Peperoni und Zwiebelringen. Verschließen Sie die Alufolie zu einem Päckchen und grillen Sie den Käse so lange, bis er zerläuft und die Zwiebeln glasig sind.

HERRENTOAST

ZUTATEN PRO PORTION:

1 Rindersteak, ca. 300 g
(geht auch mit ausgelöstem
Rehrücken, Hirsch- oder
Damhirschfilets)
1 Zwiebel
½ Tasse Speckwürfel
1 dicke Scheibe Bauernbrot
Kräuterbutter
Grober Pfeffer und Salz

Eine Pfanne sehr heiß werden lassen und großzügig mit Butterschmalz einstreichen. Das Rindersteak auf eine wenig mit Fett bedeckte Seite der Pfanne legen, damit sich eine leichte Kruste bildet. In der Seite der Pfanne, in der sich das Fett sammelt, die Speckwürfel ausbraten und die Zwiebelringe dazugeben. Sind die Steaks fertig, diese aus der Pfanne nehmen und auf einem Teller mit Alufolie bedecken, damit sie einige Minuten ruhen können. In der Zwischenzeit auf dem freien Platz in der Pfanne die Brotscheibe in dem Bratfett von einer Seite rösten.

Zum Anrichten die Brotscheibe auf einen Teller oder ein Holzbrett legen. Das Steak darauf geben und darüber die Zwiebeln verteilen. Mit einem Stück Kräuterbutter krönen und mit grobem Pfeffer bestreuen.

WRAPS

Bei Wraps handelt es sich um ein Resteessen, das in weiche Tortilla-Fladen eingewickelt wird. Die Zutatenliste sollte daher eigentlich beginnen mit „Man nehme, was man hat".

ZUTATEN PRO WRAP:

- 1 weicher Tortilla-Fladen
- Salsasauce
- Braten- oder Grillfleischreste
- Eisbergsalat
- Paprika
- Tomaten
- Zwiebeln
- eingelegte Jalapeños
- saure Sahne
- geriebener Käse
- Chili-Flocken

Wärmen Sie den Fladen etwas an, aber nicht knusprig backen, denn dann lässt er sich nicht mehr rollen. Braten Sie das in feine Streifen geschnittene Fleisch in der Pfanne scharf an. Bestreichen Sie den Fladen mit Salsasauce, dann mit etwas Salat, Paprikastreifen, Tomaten und Zwiebelringe belegen. Etwas von dem angebratenen Fleisch, einige eingelegte Jalapeños, etwas saure Sahne sowie geriebenen Käse und nach Geschmack Chili-Flocken darauf geben. Eng zusammenrollen und als Picknick-Verpflegung mit Frischhaltefolie oder Alufolie einwickeln. Oder für den sofortigen Verzehr einfach sofort aufessen oder in der Mitte diagonal durchschneiden und auf einem Teller anrichten.

Leberkäse mit Spiegelei im Brötchen

Typischer „bayerischer Hamburger".

ZUTATEN PRO PORTION:

- 1 Laugenbrötchen
- 1 Scheibe Leberkäse, fingerdick
- 1 Ei
- süßer Senf
- Eisbergsalat
- einige Gewürzgurken
- ½ Zwiebel
- Butter

Braten Sie den Leberkäse von beiden Seiten braun an, nebenher braten Sie ein Spiegelei, aber von beiden Seiten, sodass das Eigelb auch hart wird und nicht später beim Essen aus dem Burger quilt. Das Laugenbrötchen schneiden Sie in der Mitte durch und toasten die Schnittflächen leicht an. Zum Belegen bestreichen Sie die Unterseite mit Butter, dann kommt eine Scheiben Eisbergsalat, die Scheibe Leberkäse, das Speigelei, einige Zwiebelringe, einige Gewürzgurkenscheiben und der süße Senf auf die Schnittfläche der oberen Brötchenhälfte.

Strammer Max

Ein schnelles Gericht, das das abendliche Brot etwas aufwertet, ist ein Strammer Max. Dazu wird eine Scheibe Brot gebuttert und mit Thüringer Mett mit Zwiebeln oder Schinken belegt. Wer das Essen vorplant, der kauft Zwiebelmett im Darm, das hält sich einige Tage im Gegensatz zu frischem Mett. Darüber kommt ein Spiegelei. Um dem Ganzen etwas mehr „Wumms" zu geben, machen sich einige Flocken geschrotete Chilischoten gut. Dieses Gericht ist erstaunlich mächtig. Machen Sie sich lieber erst eine Scheibe Brot und zwei Eier und dann sehen Sie mal weiter, wie hungrig Sie noch sind. Wenn es dann noch eine Scheibe und zwei Eier sein sollen, dann sind die Eier der zweiten Runde wenigstens heiß.

ZUTATEN PRO PORTION:

- Bauernbrot
- Schinken oder Thüringer Mett mit Zwiebeln
- 2 Eier
- Butter

Belegen Sie die gebutterte Scheibe Brot mit Thüringer Mett und Zwiebelringen oder mit Schinken. Braten Sie zwei Speigeleier und legen Sie diese auf das Brot. Zum Würzen eignen sich Chiliflocken und Schnittlauchröllchen.

Bratkartoffeln mit Sülze und Remoulade

Bei diesem Gericht handelt es sich um ein typisches schnelles Mittagessen, bei dem man komplett auf ohne Kühlung haltbare Lebensmittel zurückgreifen kann.

ZUTATEN PRO PORTION:

- gekochte Kartoffeln vom Vortag
- 1 Zwiebel
- Speck
- Majoran
- Sülze, aus der Dose oder selbstgemacht
- Remoulade, aus der Tube oder selbstgemacht
- Pfeffer und Salz

Um wirklich knusprige Bratkartoffeln zu braten, brauchen Sie eine große und schwere Pfanne, vorzugsweise aus Eisen oder Gusseisen, selbstverständlich unbeschichtet. Schmelzen Sie etwas Butterschmalz und legen Sie die Kartoffelscheiben jede für sich einzeln in die Pfanne. Das hört sich aufwendig an, ist es aber wert. Dann lassen Sie die Kartoffelscheiben in aller Ruhe richtig braun und kross werden. Erst dann wird gewendet, auch wieder jede einzeln, was mit einem kleinen, flexiblen Messer sehr gut geht. Kurz bevor diese Seite auch braun ist, geben Sie die Speckwürfel dazu und nach einiger Zeit auch die Zwiebelwürfel. Diese sollten nur glasig werden und noch etwas Biss behalten. Jetzt würzen Sie auch mit Pfeffer und Salz und getrocknetem Majoran.

Zum Servieren geben Sie einen ordentlichen Schlag Bratkartoffeln auf den Teller, schieben diese zur Seite und legen die kalte Sülze daneben und krönen das Gericht mit Remoulade. Auf keinen Fall darf die Sülze zu dicht an die warmen Kartoffeln, weil sonst das Aspik schmilzt und die Kartoffeln wieder weich werden.

FINGERFOOD

Fingerfood klingt immer nach langweiligem Stehempfang mit schalem Sekt und lahmen Reden. Es geht aber auch anders. Bei Grillfeiern kommen die Gäste meist Zeitversetzt, und da kann man diese gut bei Laune halten, wenn man immer mal wieder eine Platte mit kleinen Leckereien kredenzt. Wichtig dabei ist, dass man keine Teller ausgibt, denn sonst schaufelt sich einer der Gäste den Teller voll und die anderen bekommen nichts mehr ab.
Hier einige Ideen.

DATTELN IM SPECKMANTEL

Nehmen Sie frische Datteln, entfernen Sie den Kern und umwickeln Sie sie mit einer halben Scheibe Bacon. Kurz grillen, bis der Bacon knusprig ist, und mit einem Zahnstocher aufspießen.

NÜRNBERGER WÜRSTCHEN

Grillen Sie die Nürnberger Würstchen und geben Sie diese auf eine Gabel aufgespießt aus. Die Gäste können dann nach Belieben in Senf, Meerrettich oder Ketchup tunken und essen. Der Trick ist, dass man die Wurst in der Mitte aufspießt, dann erst das eine Ende und dann das andere Ende abbeißt und sich dann den Rest in den Mund steckt.

FRÜHLINGSROLLEN

Wer einen Wok betreiben kann, weil er genug Heizleistung in dem Gasbrenner hat, der sollte Frühlingsrollen frittieren. Diese Mini-Frühlingsrollen gibt es im Asia-Shop in der Tiefkühlung. Dazu hocherhitzbares Öl für den Wok und schon kann es losgehen. Ein halber Liter Öl reicht aus, um immer mal wieder zehn Mini-Frühlingsrollen zuzubereiten. Einfach einen Teller mit einem oder zwei Küchentüchern auslegen, eine kleine Schale mit der süßen Chili-Knoblauchsauce dazustellen und die Frühlingsrollen dazugeben. So wird das den Gästen angeboten, sodass sich jeder einen Rolle nimmt, in die Sauce taucht und sofort aufisst.

SHRIMPS IM TEIGMANTEL

Statt der Frühlingsrollen können Sie auch Shrimps im Teigmantel frittieren, die auch als Tiefkühlprodukt zu haben sind. An den Schwanzflossen kann man die frittierten Shrimps hervorragend anfassen, in die Chili-Knoblauch-Sauce tunken und essen.

CHAMPIGNONS MIT KRÄUTERBUTTER

Ein einfaches Gericht sind Champignons mit Kräuterbutter. Diese lassen sich auch hervorragend vorbereiten. Brechen Sie aus etwa pflaumengroßen Champignons den Stiel heraus und füllen Sie die Öffnung mit einem Kleks Kräuterbutter. So kommen die Pilze auf den Grill. Sobald die Butter innen einmal aufkocht, ist der Pilz gar. Sie können die Pilze auch schon in einer Alu-Einwegform vorbereiten und dann die ganze Form auf einmal in den Kugelgrill stellen.

FLADENBROT IN DER PFANNE

Ein frisches Fladenbrot aus der Pfanne mit etwas pikantem Dipp ist ein tolles Fingerfood. Dieses Fladenbrot kann auch auf dem Grill zubereitet werden.

ZUTATEN:

- 500 g Mehl (vorzugsweise Typ 550)
- 1 Päckchen Trockenhefe
- 1 TL Salz
- 1 EL Zucker
- 3 EL Öl
- warmes Wasser

Geben Sie die trockenen Zutaten in eine Schüssel und mischen Sie diese mit dem Öl. Dann geben Sie nach und nach etwas warmes Wasser dazu und kneten daraus einen glatten Teig. Er soll sich von der Schüssel lösen und schön geschmeidig sein, aber nicht klebrig. Dann lassen Sie den Teig abgedeckt stehen, bis er sich verdoppelt hat. Das geht im Sommer gut im Auto, das sich ja gerne aufheizt.

Zum Backen rollen Sie ein Stück – je nach Pfannendurchmesser etwa golf- bis tennisballgroß – etwa einen halben Zentimeter dick aus. Zu dicke Fladen werden innen nicht gar. In der heißen Pfanne backen Sie den Fladen mit etwas Öl, bis er von einer Seite braun und knusprig ist, dann von der anderen Seite backen. Auf dem heißen Grill geht das noch besser, die Fladen blähen sich richtig auf und sind warm mit Kräuterbutter oder einem Dipp ein Genuss.

Sie können den Teig auch mit Kräutern, Olivenstücken, Röstzwiebeln oder Speckwürfeln anreichern.

TIPP FÜR EILIGE

Lassen Sie die Trockenhefe weg und nehmen Sie stattdessen ein Päckchen Backpulver. Nach dem Kneten können Sie sofort losbacken.

TIPP

Dieser Teig eignet sich auch als Stockbrot.

BUNTE BUTTER

Zubereitung: Jeweils zu 250 g Butter (ein Stück) geben Sie Pfeffer und Salz, schlagen die Butter schaumig und mischen die weiteren Zutaten unter.

KRÄUTERBUTTER

1 Knoblauchzehe, fein gehackt
1 Handvoll frische Kräuter
(Petersilie, Dill, Schnittlauch)
1 Spritzer Zitronensaft

BUNTE PFEFFER-BUTTER

1 EL bunte Pfefferkörner, grob zerstoßen
Abrieb und Saft von ½ Zitrone

TOMATENBUTTER

einige getrocknete Tomaten,
in kleine Stücke geschnitten
1 EL Tomatenmark
frische Basilikum-Blätter

KNOBLAUCH-BUTTER

1 ganze Knolle Knoblauch
Garen Sie beim Grillen die Knoblauchknolle für den nächsten Tag. Nach einer halben Stunde auf dem Grill sollte das Innere weich und cremig sein.

Tomatenbutter
Bunte Pfeffer-
butter
Kräuterbutter
Knoblauch-
butter

DESSERTS

MILCHREIS IM THERMOBEHÄLTER

Milchreis ist ein einfaches Gericht, das aus einem Teil Reis (Risotto-Reis oder spezieller Milchreis) und zwei Teilen Milch besteht. Dieses Rezept ist für Reisende besonders gut geeignet, da die Zutaten – wenn die Milch auch noch aus Milchpulver gemischt wird – leichtgewichtig sind und nicht verderben. In Amerika wird der Milchreis mit einigen Rosinen gekocht und heißt dann spotted dog, weil er aussieht wie das Fell eines Dalmatiners. Die Rosinen haben aber noch einen anderen Vorteil in der Outdoorküche: Da man nie ausschließen kann, dass mal ein Stückchen Asche in den Topf gerät, fällt das nicht mehr auf, denn die Mitesser halten es ebenfalls für Rosinen.

ZUTATEN PRO PORTION:

1 Tasse Milchreis
2 Tassen Milch
Zucker, nach Geschmack
einige Rosinen
Zucker und Zimt
zum Bestreuen
zerlassene Butter,
nach Geschmack
frische Früchte
Ahonrsirup

Kochen Sie den Milchreis mit der Milch und dem Zucker auf dem Kocher langsam auf, bis er richtig heiß ist und schon mal zehn Minuten gesimmert hat. Dann füllen Sie die Masse in eine vorgewärmte Thermoskanne mit weitem Hals. Nach einigen Stunden ist der Milchreis weiter gequollen und kann mit Zucker und Zimt, zerlassener Butter oder Ahornsirup gegessen werden, entweder als Hauptmahlzeit oder als Nachtisch. In dem Thermobehälter findet der Milchreis bequem Platz und kann auch bei einer Wanderpause oder am Zielort noch warm gegessen werden.

KOCHEN IN DER KOCHKISTE

Der Vorteil von Milchreis ist, dass Sie ihn den ganzen Tag in einer Kochkiste sich selbst überlassen können, und er weder anbrennen kann noch gerührt werden muss und obendrein noch Energie spart. Am einfachsten funktioniert eine Kühlbox, in die Sie den Topf mit dem Milchreis geben, nachdem Sie diesen fünf Minuten gekocht haben. Den restlichen Raum füllen Sie mit Ihrem Schlafsack, Ziel ist es, die Kiste so gut wie möglich zu isolieren. Nach einigen Stunden ist der Milchreis gar. Servieren Sie ihn mit gebräunter Butter und Zimt und Zucker oder mit Ahornsirup.

STANLEY

OBSTKUCHEN

Ein frischer Obstkuchen ist schnell gemacht, die passenden Tortenböden gibt es in großer Auswahl zu kaufen. Schnell einen Pudding kochen, auf den Tortenboden gießen, mit Erdbeeren oder Himbeeren belegen und schon kann es losgehen. Früchte aus der Dose sind auch eine Option. Da ist mit dem Saft aus der Dose auch schnell ein Tortenguss angerührt, der ein Austrocknen verhindert. Mit etwas Sprühsahne kann man den Kuchen noch verzieren oder auch mit einer aufgesprühten Zahl die Liebsten zum Geburtstag überraschen.

QUARKSPEISE

Speisequark oder Naturjoghurt mit frischen Früchten oder zur Not auch mit Dosenobst gemischt und mit Honig oder Ahornsirup gezuckert, ist ein leckeres Dessert oder auch mal ein gesunder Start in den Tag. Einige Esslöffel Knuspermüsli geben dem Ganzen noch eine knusprige Komponente.
Wenn Sie eine große Dose Mischobst öffnen, sollten Sie den Rest auf jeden Fall aus der Dose umfüllen und im Kühlschrank aufbewahren, sonst schmeckt das Obst am nächsten Tag „metallisch" nach Dose.

OBSTSALAT

Die Ernährung auf dem Campingplatz ist oft fettreich und vitaminarm. Da muss „Muttern" ihren Lieben das Obst schon so unterjubeln, dass sie es nicht merken. Eine gute Möglichkeit ist ein Obstsalat. Die Früchte der Saison werden geschält, entkernt und in mundgerechte Stücke geschnitten. Einige Spritzer Zitronensaft sorgen dafür, dass sich das Obst nicht verfärbt. Der Obstsalat wird mit etwas Ahornsirup oder für die Erwachsenen mit Grand Marnier oder Cointreau abgeschmeckt. Mit etwas Sahne und Kakaopulver bestreut ist er als Nachtisch ein wirklicher Höhepunkt. Sie können ihn auch zu frisch gebackenen Waffeln oder Crêpes reichen. Oder erwärmen Sie ihn doch mal mit etwas Honig langsam in einem großen Topf und servieren Sie ihn mit Ihrem Lieblingseis.

WAFFELN

Zugegeben, ein Waffeleisen ist im Camper schon ein echter Luxusgegenstand. Sollten Sie aber eines in Ihrem Wohnwagen haben, sind Waffeln eine schöne Bereicherung der Campingküche. Es gibt aber auch Waffeleisen für das offene Feuer oder für Gasbrenner. Achten Sie aber auf eine ebene Standfläche. Wer mehr improvisieren muss oder möchte, der kann den Waffelteig auch in einer ganz normalen Pfanne ausbacken.

ZUTATEN:

- 250 g Zucker
- 250 g Butter
- 5 Eier
- 1 Päckchen Vanillezucker
- evtl. 1 Schuss Rum
- 500 g Mehl
- 1 Päckchen Backpulver
- ½ l Milch
- Puderzucker zum Bestreuen

Die Eier mit dem Zucker, dem Vanillezucker, dem Rum und der geschmolzenen Butter in einer Schüssel mit dem Schneebesen durchrühren. Achten Sie darauf, dass die Butter zwar geschmolzen ist, aber nicht so heiß, dass die Eier stocken. Dann das Mehl hinzugeben, das Backpulver und nach und nach die Milch, um damit die Konsistenz einzustellen. Verrühren Sie alles zu einem etwas zähen, glatten Teig. Erhitzen Sie das aufgeklappte Eisen auf beiden Seiten gleichmäßig, achten Sie auf eine Temperatur von etwa 160 °C. Fetten Sie das Eisen mit dem Stück Butter, das Sie kurz auf beide Seiten streichen. Geben Sie dann eine Kelle Teig in die Mitte der Form. Schließen Sie das Eisen und warten Sie einen Moment. Die Waffel backt im Grunde genommen durch die gespeicherte Hitze des Gusseisens, schon nach wenigen Sekunden sollte der Teig die ganze Form einnehmen und zu bräunen beginnen. Beim vorsichtigen Öffnen sollte die Waffel in der unteren Form liegen bleiben. Wenn die Waffel gut gebräunt ist, können Sie diese mit einer Gabel herausheben. Wenn sie noch zu blass ist, schließen Sie das Eisen wieder und backen noch etwas nach.

PFANNKUCHEN

Auch Pfannkuchen gehen bei Kindern eigentlich immer! Auch als Frühstück oder als Nachtisch werden Pfannkuchen gerne gegessen. Sie können sowohl süß als auch herzhaft zubereitet werden. Mit ein wenig Geschick lässt sich der Teig schnell mit einem Schneebesen in einer Schüssel zusammenrühren.

ZUTATEN:

½ l Milch
300 g Mehl
4 Eier
1 EL Öl
2 EL Zucker
1 TL Salz
evtl. Speck
Marmelade
Nuss-Nougat-Creme
Zucker und Zimt

Geben Sie das Mehl und die anderen Zutaten nach und nach unter Rühren in die Milch, bis Sie einen glatten, etwas zähen Pfannkuchenteig erhalten. Zum Backen geben Sie etwas Butter oder Öl in eine Pfanne und etwas von dem Teig dazu. Wenden Sie die Pfannkuchen erst, wenn sie sich vom Boden lösen. Am einfachsten legen Sie dazu einen Deckel oder einen Teller in die Pfanne und drehen beides zusammen um. Anschließend lassen Sie den Pfannkuchen vom Teller wieder in die Pfanne gleiten.

Für Speckpfannkuchen braten Sie drei Scheiben Frühstücksspeck in einer Pfanne an und geben dann den Teig darüber. Wer es herzhafter mag, sollte den Zucker im Teig auf einen Teelöffel reduzieren.

Wer die Pfannkuchen dicker mag, gibt noch zwei Teelöffel Backpulver in den Teig und backt sie nur so groß wie Bierdeckel.

BANANEN IN DER GLUT

Ist der Grill schon einmal heiß, kann man in der Resthitze sehr gut Bananen als Nachtisch zubereiten. Die Bananen werden in der Innenseite der Krümmung mit einem scharfen Messer tief aufgeschnitten. Drücken Sie einen Riegel Schokolade hinein und stellen Sie die Bananen direkt in die Glut. Sobald die Schale schwarz wird und die Schokolade geschmolzen ist, kann das Dessert direkt aus der Schale gelöffelt werden. Mit etwas Eierlikör, Cointreau oder Vanillesauce erhalten Sie eine leckere Nachspeise mit „Wow-Effekt".

ZUTATEN PRO PORTION:

- 1 Banane
- 1 Riegel Schokolade
- ggfs. Vanillesauce, Cointreau, Eierlikör oder eine andere Spirituose

Schneiden Sie die Bananen an der Innenseite der Krümmung mit einem tiefen Schnitt längs auf und klemmen Sie einen Riegel Schokolade in den Spalt. Dann setzen Sie die Banane mit der aufgeschnittenen Seite nach oben direkt in die Glut. Wenn die Schokolade geschmolzen und die Schale verkohlt ist, nehmen Sie die Banane aus der Glut. Auf dem Teller wird mit einem Querschnitt an den beiden Enden die Schale aufgeschnitten und lässt sich leicht zur Seite klappen. Löffeln Sie die Masse direkt aus der Schale. Wer möchte, kann die Bananen auch mit Likör oder Vanillesauce verfeinern.

FLAMBIERTE KIRSCHEN

Irgendwie gehören Camping und Grillen, Feuer und Alkohol zusammen. Was liegt da näher, als das alles zu einem Gericht zu verbinden? Wenn die Sonne nach dem Grillen schon untergegangen ist, dann kommt die Zeit des Nachtischs. Flambierte Kirschen sind ein Klassiker der gehobenen Küche und werden in Sterne-Restaurants meist am Tisch zelebriert. Mit wenig Übung und etwas Geschick können Sie das aber auch! Flambierte Kirschen sind eine typische Beilage zu Vanilleeis. Sie können diese aber auch zu Waffeln oder Milchreis reichen.

ZUTATEN FÜR 4–6 PORTIONEN:

- 1 Glas entsteinte Sauerkirschen
- etwas Saft aus dem Sauerkirschenglas
- 1 Tasse Zucker
- Butter
- ½ Tasse Obstler (z. B. Kirschwasser)

Erhitzen Sie eine Pfanne auf dem Grill oder dem Kocher, aber draußen und nicht unter dem Vorzelt! Schmelzen Sie etwas Butter und bestreuen Sie die Pfanne dünn mit weißem Zucker. Bei milder Hitze lassen Sie ihn karamellisieren. Dann geben Sie ein Glas abgetropfte Sauerkirschen hinzu und erhitzen diese.

Geben Sie ein oder zwei Gläser Obstler direkt über die Kirschen. Sollte die Spirituose nicht sofort zu brennen beginnen, dann ziehen Sie die Pfanne etwas zurück über die Flamme und kippen diese leicht an, sodass der Inhalt an den Rand kommt und Feuer fängt. Sobald die Flammen verloschen sind, gießen Sie den Kirschsaft hinzu und lassen die Flüssigkeit aufkochen, bis sich der karamellisierte Zucker aufgelöst hat. Flambieren ist eine gefährliche Sache, da man die Flammen im hellen Sonnenlicht fast nicht sieht. Aus diesem Grund ist Flambieren in der Dunkelheit auch am Spektakulärsten.

ACHTUNG!

Bereiten Sie dieses Gericht auf jeden Fall draußen zu und keinesfalls unter dem Vorzelt!

TIPP

Nehmen Sie einfach ein Stück Butter und falten Sie die Alufolie zurück, dann fassen Sie die Butter an dem noch eingewickelten Ende und drücken den freien Teil in die Pfanne, um so viel Butter abzuschmelzen, wie Sie benötigen. Dann streuen Sie weißen Zucker in einer gleichmäßigen, dünnen Schicht in die Pfanne und lassen ihn karamellisieren.

GETRÄNKE

Kelly Kettle mit Tee

Der Kelly Kettle ist ein altes Ausrüstungsstück aus Irland. Man kann damit Wasser erhitzen, und das extrem schnell und mit wenig Feuerholz, eigentlich reicht Schilf und Gras schon aus. Das Feuer brennt im Inneren der Kanne und das Wasser wird in dem doppelwandigen Kessel erhitzt.

ZUTATEN PRO TASSE:

- 1 Teelöffel loser Tee
- Zucker
- Sahne nach Geschmack

Sobald das Wasser kocht, gießt man es in den Teekessel und gibt die Teeblätter hinzu. Sobald der Tee genug gezogen hat, nehmen Sie den Teekessel in die Hand und schleudern diesen vertikal im Kreis, sodass sich die Blätter durch die Fliehkraft setzen. Üben Sie das zunächst mit kaltem Wasser, nicht dass Sie sich den kochenden Tee über den Körper gießen. Am schwierigsten ist das Anhalten des Topfes, ohne dabei den Inhalt zu verschütten.
Sie können natürlich auch in den einzelnen Bechern den Tee mit Teebeuteln aufbrühen.
Zum Tee reichen Sie Zucker und Sahne, wer das mag.

ZITRONENTEE IN GROẞEN MENGEN

Im Sommer ist Eistee ein herrlicher Durstlöscher und billig herzustellen. Der Trick bei einer großen Menge ist, nur einen Teil des Wassers zum Kochen von Tee-Konzentrat zu verwenden und dann abkühlen zu lassen, um dann mit dem restlichen kalten Wasser aufzufüllen.

ZUTATEN FÜR 6 LITER EISTEE MIT ZITRONE:

120 g Schwarztee
Zitronensaft
Zucker

Bringen Sie einen Liter Wasser zum kochen und geben Sie den losen Tee hinein. Lassen Sie den Tee fünf Minuten ziehen und sieben Sie die Teeblätter ab. Lassen Sie den Tee erkalten, gießen Sie dann fünf Liter kaltes Wasser hinzu. Nach Geschmack können Sie den Tee mit Zucker süßen oder mit etwas Zitronensaft aromatisieren.

LAGERFEUER-KAFFEE

Zu einem guten Frühstück gehört ein guter Kaffee, so wie ihn die Cowboys trinken. Dieser Kaffee braucht auch nicht gefiltert zu werden, da die grob gemahlenen Kaffeebohnen sich absetzen, wenn man in die brodelnd-heiße Kanne eine halbe Tasse kaltes Wasser gießt.

Die Kanne mit kaltem Wasser füllen (höchstens bis unter den Anfang des Ausgießers) und das abgemessene Kaffeepulver (für die Kanne mit vier Litern Inhalt einen gehäuften Becher) hinzugeben. Auf oder an dem Lagerfeuer aufkochen lassen. Dann vom Feuer nehmen und eine halbe Tasse kaltes Wasser dazugeben, damit sich das Pulver absetzt. In Tassen füllen und genießen.

TÜRKISCHER MOKKA

TIPP

Für einen sicheren Stand der Mokkakanne: stellen Sie eine Pfanne auf den Brenner und füllen diese mit Sand aus der Sandkiste.

ESPRESSO

Ein italienischer Espressobereiter ist für eine Gasflamme vorgesehen und damit prädestiniert auch für den kleinsten Camper oder Rucksackwanderer.

TÜRKISCHER MOKKA

Eine wirkliche Spezialität ist türkischer Mokka, der meist schon im Kaffeepulver zusätzliche Gewürze wie Kardamom oder Zimt enthält. Die Zubereitung ist so einfach und das Ergebnis so lecker, dass man die wenigen Zutaten dabei haben sollte. Einen Mokkabereiter (auch Cezve oder Ibrik genannt) bekommt man im türkischen Lebensmittelhandel, ebenso die passenden Tassen und das Mokkapulver, das staubfein gemahlen ist.

ZUTATEN PRO TASSE:

- 1 Mokkatasse Wasser
- 1 Mokkalöffel Kaffeepulver
- 1 Mokkalöffel Zucker

Geben Sie pro Mokkatasse Wasser einen Mokkalöffel Pulver und einen Löffel Zucker zusammen in den Topf. Vorsichtig erhitzen, bis die Masse aufschäumt. Ziehen Sie dann den Topf vom Feuer, bis sich der Schaum gelegt hat, stellen Sie den Topf zurück und lassen Sie den Mokka insgesamt dreimal aufschäumen. Zum Einschenken stellen Sie die Tassen in einer Reihe auf und geben zunächst in jede Tasse etwas Schaum, dann rühren Sie um und geben in jede Tasse etwas von dem Mokka und zum Schluss rühren Sie noch einmal um und geben etwas von dem Kaffeesatz in die Tassen. Mit diesem dreimaligen Einschenken sollten die Tassen voll sein und in jeder Tasse sowohl Mokka als auch Satz und Schaum vorhanden sein. Ansonsten bekäme der erste den ganzen Schaum, die nächsten beiden den Mokka und der letzte den Kaffeesatz.

IRISH COFFEE

Für die kühlen Abende unter dem Vorzelt sind verschiedene Kaffeespezialitäten mit Spirituosen die Geheimwaffe gegen die aufsteigende Kälte. Aber auch nach einem Kaffeeklatsch als krönender Abschluss nicht zu verachten. Auch wenn sie etwas aus der Mode gekommen sind, schmecken sie toll.

ZUTATEN PRO GLAS:

- 1 TL brauner Zucker
- 2 EL Irish Whiskey
- 1 Tasse Kaffee
- Sahne

Den Zucker in einem hitzebeständigen Glas mit dem Whiskey verrühren und den heißen Kaffee darüber geben. Die Sahne soweit aufschlagen, dass sie gerade steif wird. Über einen Löffelboden vorsichtig in das Glas laufen lassen.

Thermoskanne

- **Thermoskanne.** Vor allem bei Wanderungen sehr zu empfehlen, um immer ein kaltes bzw. heißes Getränk dabei zu haben.

- **Metall- oder Holzspieße** eignen sich hervorragend für Gemüse, Grillfleisch etc. Wenn Sie das Holz vorher gut wässern, dann brennen diese auch nicht so schnell über der Glut an.

- **Ein faltbarer Lamellen-Windschutz**, beispielsweise aus Aluminium, schützt die Gasflamme des Campingkochers, wenn es draußen etwas stürmischer zugeht.

- **Alufolie**

- **Küchenwaage**

- **Nudelholz**

- **Müllbeutel**

Taschenmesser

Als Minimum empfehlen wir:

- Einen der oben genannten **Kocher** (siehe Seite 9-13)

- **Behälter für den Wassertransport**

- **Topf oder ein Topfset** (je nach Ausführung kann der Deckel als Pfanne genutzt werden)

- **Essgefäß**

- **Becher**

- **Taschenmesser** (zum Schneiden, Schälen etc. ersetzt ein Besteckmesser)

- **Gabel und Löffel** oder auch ein **Göffel**, um Platz und Gewicht zu sparen. Der Löffel kann zum Abmessen von kleinen Mengen und die Gabelzinken als Schneebesen genutzt werden.

- **Dosenöffner**

- **Gut verschließbare Plastikdosen** und/oder **Plastikbeutel**

TIPP

Alternativ können Sie sich auch eine Gamelle kaufen und haben Ihr Kochgeschirr immer dabei.

HOME IS WHERE YOU BARBECUE ...

176 Seiten, ca. 150 farbige Abb.,
183 x 225 mm, Paperback
EUR 16,99
ISBN 978-3-86852-361-4

288 Seiten, ca. 350 Abbildungen,
220 x 260 mm, gebunden,
EUR 29,95
ISBN 978-3-86852-817-6

432 S., 183 x 225 mm, gebunden
EUR 29,95
ISBN 978-3-86852-544-1

232 Seiten, zahlreiche farbige Illustrationen,
ca. 213 x 243 mm, Flexicover
EUR 24,99
ISBN 978-3-86852-790-2

160 Seiten, zahlreiche Farbfotos,
250 x 308 mm, gebunden
EUR 29,95
ISBN 978-3-86852-614-1

176 Seiten, zahlreiche Farbfotos,
200 x 250 mm, gebunden, mit Gummiband,
EUR 22,00
ISBN 978-3-86852-918-0

Unser komplettes Programm erhalten Sie in jeder Buchhandlung und unter www.heel-verlag.de

136 Seiten, zahlreiche Farbfotos, 210 x 260 mm, gebunden,
EUR 19,99
ISBN 978-3-95843-175-1

336 Seiten, 183 x 225 mm, zahlreiche Farbfotos, gebunden,
EUR 29,95
ISBN 978-3-95843-052-5

240 Seiten, zahlreiche Farbfotos, 223 x 260 mm, gebunden,
EUR 24,99
ISBN 978-3-86852-917-3

512 Seiten, ca. 200 Abbildungen, 203 x 254 mm, gebunden, mit raffinierter Ausstanzung in Grillrost-Form im Buchumschlag,
EUR 24,95
ISBN 978-3-86852-906-7

202 Seiten, zahlreiche Farbfotos, 210 x 260 mm,
EUR 24,99
ISBN 978-3-95843-038-9

200 Seiten, zahlreiche Farbfotos, 210 x 260 mm, gebunden,
EUR 24,99
ISBN 978-3-86852-932-6

DANKSAGUNG

Der Autor und der Verlag danken für die freundliche Unterstützung,
ohne die dieses Buch nicht möglich gewesen wäre:

HYMER GmbH & Co.KG
Holzstraße 19
88339 Bad Waldsee
Tel.: 07524-999-0
E-Mail: info@hymer.com
www.hymer.com

für die freundliche Bereitstellung eines Wohnmobils des Typs Hymermobil Exsis-i 588

LANDMANN GmbH & Co. Handels-KG
Am Binnenfeld 3-5
27711 Osterholz-Scharmbeck
Tel.: 04791-308-0
Fax: 04791-308-35/36
E-Mail: info@landmann.de
www.landmann.de

für die freundliche Bereitstellung eines Landmann Kompaktgrills sowie eines Landmann Anzündkamins und verschiedener Grillzangen und -handschuhe.

Campinginsel Sonnenwerth
Eigentümer: V. Schwarz u. Sohn
Hatzenporter Werth 1
56332 Hatzenport
Tel.: 02605-2151
E-Mail: moselcamping@t-online.de
www.campinginsel-hatzenport.de

für die freundliche Genehmigung eines Fotoshootings auf der Campinginsel.